SEMENTES DE PARTICIPAÇÃO

Iniciação para uma vida de
discipulado e missão com Cristo
na sua comunidade

5º TEMPO - CATEQUISTA

CENTRO DE ANIMAÇÃO BÍBLICO-CATEQUÉTICA
DIOCESE DE PONTA GROSSA

SEMENTES DE PARTICIPAÇÃO

INICIAÇÃO PARA UMA VIDA DE DISCIPULADO E MISSÃO COM CRISTO NA SUA COMUNIDADE

5º TEMPO - CATEQUISTA

"IDE... ANUNCIAI A BOA-NOVA." (MATEUS 28,19)

EDITORA
AVE-MARIA

© 2016 by Editora Ave-Maria. Todos os direitos reservados.
Rua Martim Francisco, 636 – CEP 01226-000 – São Paulo, SP – Brasil
Tel.: (11) 3823-1060 • Televendas: 0800 7730 456
editorial@avemaria.com.br comercial@avemaria.com.br

www.avemaria.com.br

ISBN: 978-85-276-1582-2

2ª reimpressão – 2019

Capa e ilustrações: Rui Cardoso Joazeiro
Textos: Pastoral Catequética – Diocese de Ponta Grossa (PR)

Colaboradores:
    Angela Cristina B. Ribeiro – catequista
    Durval Rosa Neto – catequista
    Ir. Flávia Carla Nascimento – pedagoga
    Lúcia Coimbra – psicóloga
    Luciane Ribeiro de Oliveira – catequista
    Noelise Silva Meister – catequista
    Mariana Meister – catequizanda
    Paulo Rogério Biscaia – catequista
    Pe. Antonio Ivan de Campos
    Pe. Clayton A. Delinski Ferreira
    Pe. Marcelo Rodrigues do Carmo

Dados Internacionais de Catalogação na Publicação (CIP)
Angélica Ilacqua CRB-8/7057

Sementes de participação: iniciação para uma vida de discipulado e missão com Cristo na sua comunidade: 5º tempo: catequista / Centro de Animação Bíblico-catequética, Diocese de Ponta Grossa – São Paulo: Editora Ave-Maria, 2016. (Série Sementes, v. 5)
248 p.; 16x23 cm

ISBN: 978-85-276-1582-2

1. Catequese 2. Evangelização I. Série II. Centro de Animação Bíblico-catequética, Diocese de Ponta Grossa

15-1258   CDD 248.82

Índice para catálogo sistemático:
1. Catequese   248.82

Diretor-presidente: Luís Erlin Gomes Gordo, CMF
Diretor Administrativo: Rodrigo Godoi Fiorini, CMF
Gerente Editorial: Áliston Henrique Monte
Editor Assistente: Isaias Silva Pinto
Preparação e Revisão: Isabel Ferrazoli e Ligia Terezinha Pezzuto
Diagramação e Produção Gráfica: Ponto Inicial Estúdio Gráfico
Impressão e Acabamento: Gráfica Expressão e Arte

A Editora Ave-Maria faz parte do Grupo de Editores Claretianos (Claret Publishing Group).
Bangalore • Barcelona • Buenos Aires • Chennai • Colombo • Dar es Salaam • Lagos • Macau • Madri • Manila • Owerri • São Paulo • Varsóvia • Yaoundé.

Prefácio

"Vida, Doçura e Esperança"

Após mais de quinze anos de utilização da Coleção Sementes – manual de catequese elaborado na Diocese de Ponta Grossa (PR) – utilizada por catequistas de muitas regiões do Brasil, é para mim motivo de alegria e grande esperança apresentar a nova coleção, totalmente reformulada no espírito do *Documento de Aparecida* e do processo de Iniciação à Vida Cristã.

Hoje melhor compreendemos que a catequese não é uma transmissão de conteúdos de doutrina ("instrução"), nem apenas preparação para receber este ou aquele sacramento ("etapa de formatura"), mas é um processo dinâmico e abrangente de educação da fé, um itinerário de vida que leva alguém ao encontro de comunhão e intimidade com Jesus Cristo e à adesão à proposta do Reino, que é vivida na Igreja.

Duas consequências brotam dessa visão: primeira – o catequista, alguém orante, que experimenta e vive o seu encontro pessoal com o Senhor, é capaz de introduzir os catequizandos no Mistério (mistagogia); segunda – uma vez que esse processo de discipulado se realiza na comunidade eclesial, e toda a comunidade paroquial é catequizadora, com a participação da família e do sacerdote, a dinâmica toda da catequese vai inserir o catequizando na vida da comunidade...

Daí uma grande novidade da nova coleção: a inserção de celebrações litúrgico-catequéticas ou ritos de Iniciação, que vão assinalando as várias etapas e introduzindo o catequizando no Mistério do Ressuscitado, levando-o a assimilar a linguagem dos símbolos, dos gestos, da vida de oração e contemplação, bem como a participar de maneira ativa e frutuosa na Liturgia e na transformação da sociedade.

Este volume começa com uma preciosa apresentação, que expõe de maneira clara a mística da Iniciação à Vida Cristã, sempre iluminada pela atitude de Jesus com os discípulos de Emaús. Respeita a psicologia das idades e os diversos momentos do ano litúrgico. Será muito útil para a preparação dos catequistas no início das atividades.

Parabenizando a Equipe de Animação Bíblico-Catequética da diocese e a Editora Ave-Maria por colocarem à disposição dos catequistas e das comunidades do Brasil este precioso instrumento, invoco sobre todos as bênçãos de Deus uno e trino.

Na Festa de Maria, Mãe da Divina Graça, padroeira da Diocese.

Ponta Grossa, 15 de setembro de 2011
Dom Sergio Arthur Braschi

Apresentação

Esta edição reformulada do *Manual de iniciação para uma vida de discipulado e missão com Cristo na sua Comunidade* faz parte da Coleção Sementes e é expressão do amadurecimento da edição publicada em 1995, na Diocese de Ponta Grossa (PR).

Reformulada com a colaboração de catequistas, religiosos, pedagogos, psicólogos e sacerdotes, esta edição alinha o processo catequético com as orientações do *Documento de Aparecida*, do Diretório Nacional de Catequese, do Estudo 97 sobre iniciação à vida cristã, das Diretrizes Gerais da Ação Evangelizadora da Igreja (2015-2019), do Documento 100 da CNBB – Comunidade de Comunidades – uma nova paróquia; e da Exortação Apostólica do Papa Francisco "Evangelii Gaudium". Deseja oferecer à Igreja um instrumento vivo e dinâmico de transmissão da fé para auxiliar o "processo de Iniciação à Vida Cristã", que conduz a pessoa para um mergulho no Mistério de Cristo, formando nela um coração de discípulo missionário.

É preciso tratar com zelo uma importante parcela do povo de Deus confiada à Igreja, composta de crianças e adolescentes. Para eles, a catequese de Iniciação à Vida Cristã é fundamental para o crescimento na fé, porque proporciona um encontro pessoal com Cristo por meio da escuta da Palavra, da celebração dos mistérios da fé e da vida comunitária.

O método de "iniciação" requer cuidado no planejamento para o êxito da ação catequética no âmbito paroquial. Necessita também de catequistas mistagogos, isto é, que tenham segurança para conduzir ao Mistério pela vivência da fé, da espiritualidade e do testemunho de vida de comunhão na comunidade. Por sua vez, a comunidade também é chamada a realizar essa tarefa, que é "do conjunto da Igreja".

A formação e a criatividade de nossos catequistas são sempre uma qualidade a ser valorizada e estimulada.

Embora o trabalho dedicado de muitos catequistas seja objeto de nosso respeito e admiração, a iniciação de nossas crianças e adolescentes tem sido fragmentada e, às vezes, insuficiente diante dos desafios e das urgências desta "mudança de época".

Esta edição reformulada do manual da Coleção Sementes proporciona a diminuição da distância entre a catequese e a liturgia, que são duas faces do mesmo Mistério, em vista da adesão a Jesus e do discipulado.

A catequese de Iniciação à Vida Cristã favorece a integração entre Anúncio, Celebração e Vivência Comunitária. Por ser um método mais participativo, fomenta a conexão entre catequista, catequizandos, família e comunidade.

A Coleção Sementes contém cinco volumes para realizar um processo global de catequese, instruindo com os quatro pilares da doutrina (crer, celebrar, viver e rezar), que favoreçam a experiência das primeiras e fundamentais noções da fé. Os três primeiros volumes preparam para a intimidade com Cristo, a inserção e a pertença à Sua comunidade, que se expressará por meio da participação eucarística. Os outros dois volumes confirmam a opção e a adesão a Jesus e à Sua comunidade, consolidando no catequizando um coração de discípulo missionário para atuar, na força do Espírito Santo, como "sal da terra e luz no mundo". (Mateus 5,13-14)

Este manual inicia-se com uma carta de acolhida aos pais e aos catequizandos, um texto de capacitação inicial para os catequistas, uma celebração de unção e de envio do catequista e um encontro de acolhida dos catequizandos. Em seguida, sugere um encontro de reflexão sobre a Campanha da Fraternidade e prossegue com a **1ª unidade** "Jesus envia o Espírito Santo como força para o discípulo ser testemunha". Essa unidade é composta de cinco encontros, nos quais o catequizando perceberá que Jesus prometeu o Espírito Santo para a experiência do perdão, que promove a proximidade entre as pessoas como força à missão. Compreenderá também que Pentecostes marca o início da Igreja dos discípulos de Jesus, movidos agora pelo Espírito Santo, o qual distribui seus dons para o serviço e faz a vida do discípulo frutificar, fortalecendo a Igreja para o testemunho missionário. A **2ª unidade**, "A ação dos primeiros cristãos sob o impulso do Espírito Santo", apresenta um panorama da História da Igreja através de cinco encontros. Pontua como nasceu a Igreja e a vivência das primeiras comunidades, a partir do testemunho dos Apóstolos, e apresenta um breve desenrolar da história da Igreja ao longo dos tempos, até mostrar os componentes que caracterizam a vida da comunidade, povo de Deus em missão. A **3ª unidade**, "O Espírito Santo unge os discípulos na Igreja para que continuem a missão de Jesus hoje", por meio de cinco encontros, levará o crismando a mergulhar no texto de Lc 4,16-22 e a perceber que o Espírito Santo unge para anunciar a Boa-Nova aos pobres, proclamar a remissão dos pecados, dar aos cegos a recuperação da vista, restituir a liberdade aos oprimidos e proclamar um ano da graça do Senhor. A **4ª unidade** é composta por cinco temas, mediante os quais o catequizando vai perceber como "O Espírito Santo atua na missão do discípulo missionário". A unidade apresenta o sacramento da Crisma como "selo do Espírito" que consagra o discípulo para a missão, em vista da santidade. Os discípulos missionários são chamados a viver a comunhão na Igreja, colocando-se a serviço da vida plena para todos.

Os encontros são antecedidos por um texto de formação para o catequista, que o habilita como mistagogo para o desenvolvimento da sua missão de transmitir a fé, proporcionando o encontro com Cristo.

A novidade deste volume está na dinâmica pela qual os conteúdos da fé são transmitidos:

- O conteúdo de fé é desenvolvido por meio de um tema específico;

- O tema é apresentado por meio de técnicas metodológicas e recursos diversos para favorecer a experiência do encontro com Cristo;
- Em cada encontro os catequizandos compreenderão os temas, vivenciando a dinâmica de vida própria de uma comunidade cristã composta por: ensino (*didaskalia*), testemunho (*martyria*), celebração (*liturgia*), serviço (*diakonia*) e vida fraterna (*koinonia*). É nesse processo que o catequista desenvolverá o conteúdo de fé, imprimindo no catequizando o "ser do cristão", inserindo-o na vida da comunidade.

Para promover a vida comunitária e um gesto de promoção humana, a celebração natalina, que antecede o Anexo deste manual, disponibiliza elementos que enriquecerão os encontros catequéticos.

O manual também oferece um "Diário Espiritual". Por meio dele, os catequizandos poderão registrar semanalmente a experiência de Leitura Orante baseada nos textos bíblicos a partir dos temas de cada encontro catequético.

Este manual apresenta um processo pedagógico dinâmico, cristocêntrico, litúrgico-comunitário, orante e bíblico, que integra a família, o catequista, o catequizando e a comunidade, ajudando o catequizando a desenvolver o costume de ouvir, celebrar, viver e rezar a Palavra de Deus dentro e fora da família.

"Ide, fazei discípulos meus... ensinando-os tudo o que vos ordenei" (Mateus 28,19-20).

Desejosos de que esse mandato de Jesus à Igreja aconteça de modo sempre renovado e caracterizado pela alegria, pedimos os auxílios da Mãe da Divina Graça.

Equipe Diocesana de Animação Bíblico-Catequética

Diocese de Ponta Grossa (PR)

Sumário

Carta de acolhida aos pais 13
Carta de acolhida aos catequizandos 15
Capacitação inicial para os catequistas 17
Celebração de unção e envio do catequista 33
Encontro de acolhida dos catequizandos 35
Encontro sobre a Campanha da Fraternidade 41

1ª Unidade
Jesus envia o Espírito Santo como força para o discípulo ser testemunha

1º Encontro: Jesus promete o Espírito Santo 46
2º Encontro: Pentecostes – a Igreja dos discípulos de Jesus movidos pelo Espírito Santo 53
3º Encontro: O Espírito Santo conduz a Igreja distribuindo seus dons para o serviço 59
4º Encontro: Na Igreja, o Espírito Santo faz a vida do discípulo frutificar 67
5º Encontro: Espírito Santo – força para uma Igreja em missão 74

2ª Unidade
Ação dos primeiros cristãos sob o impulso do Espírito Santo

6º Encontro: Como nasceu a Igreja? 80
7º Encontro: Vivência das primeiras comunidades a partir do testemunho dos Apóstolos 90
8º Encontro: A história da Igreja através dos tempos 96
9º Encontro: Conhecendo os componentes que caracterizam a vida da comunidade Igreja 103
10º Encontro: A Igreja hoje, povo de Deus em missão 111

3ª Unidade
O Espírito Santo unge os discípulos na Igreja para continuarem a missão de Jesus hoje

11º Encontro: O Espírito Santo unge o discípulo para anunciar a Boa-Nova aos pobres 118
12º Encontro: O Espírito Santo unge o discípulo para proclamar a remissão dos pecados 126
13º Encontro: O Espírito Santo unge o discípulo para proclamar aos cegos a recuperação da vista 132

14º Encontro: O Espírito Santo unge o discípulo para restituir a liberdade aos oprimidos 138

15º Encontro: O Espírito Santo unge o discípulo para proclamar um ano da graça do Senhor 144

4ª Unidade
O Espírito Santo atua na missão do discípulo missionário

16º Encontro: O "selo do Espírito": sacramento da Crisma – consagrados para a missão 150

17º Encontro: Crismados para serem discípulos missionários 159

18º Encontro: A vocação dos discípulos missionários à santidade 165

19º Encontro: A comunhão dos discípulos missionários na Igreja 175

20ºEncontro: A missão dos discípulos missionários a serviço da vida plena . 182

Celebração natalina 188

Anexos 193

Diário espiritual 243

Carta de acolhida aos pais

Queridos Pais

Gostaríamos de partilhar um fato presenciado por um catequista em um encontro do 5º tempo. Ele perguntou ao grupo:

– O que vocês pretendem ser quando atingirem a idade adulta?

As respostas foram muitas. Na adolescência se tem mil ideias e planos diferentes para o futuro. Entre tantas respostas, uma se destacou:

– Eu quero ser um católico dos bons! – Disse um dos catequizandos.

Aquela resposta foi surpreendente. Grande parte dos jovens havia pensado em suas vidas sociais e não na vida cristã. O catequizando continuou argumentando sobre seu ponto de vista:

– Eu quero ser católico de verdade, porque se for honesto e perseverante na minha fé, vou ser honesto e perseverante em tudo o que fizer em minha vida.

É justamente essa a missão da catequese, apoiada pela família: formarmos discípulos missionários de Jesus Cristo, católicos "dos bons"!

Neste tempo de instrução da fé, seu filho mergulhará ainda mais nos mistérios da fé.

Como pais, vocês precisam enxergar nos filhos os novos discípulos missionários de Jesus Cristo. Lembrem-se: Jesus, ao passar pelo mar da Galileia, viu dois irmãos pescando e foi capaz de enxergar, naqueles dois homens, dois de seus discípulos!

Por meio dos encontros catequéticos, animaremos seus filhos para a inserção na vida da comunidade cristã e também nas atividades pastorais e missionárias, despertando para o serviço de transformação da sociedade a partir dos valores do Evangelho.

Um discípulo missionário precisa do apoio e incentivo dos pais para firmar suas convicções na comunidade e certificar suas opções para servir, experimentando a força do Espírito Santo que receberá.

É com alegria que acolhemos seu filho e gostaríamos muito de poder sentir toda a família próxima de nós neste processo formativo e, sobretudo, na pertença e participação na comunidade.

Seu filho adolescente!

Seu filho, que não é mais criança!

Seu filho, que está ficando maior que você porque cresceu!

Seu filho, que ainda não é jovem, mas tem muito de jovem!

Seu filho, que vai ser adulto e, às vezes, já pensa como se fosse um deles!

Seu filho, que já tem algo a dizer!

Seu filho, que nem sempre sabe dizer tudo o que tem a dizer!

Seu filho, que, com o amor e o carinho da família, dos catequistas e da comunidade, ao lado de Jesus Cristo, está se tornando um bom cristão, um Discípulo Missionário!

Continuemos parceiros na missão de educá-lo na fé e inseri-lo na comunidade! Se ele se tornar um católico "dos bons", certamente será um ser humano "dos bons".

Catequista e Equipe Diocesana de Animação Bíblico-Catequética
Diocese de Ponta Grossa (PR)

Carta de acolhida aos catequizandos

Este manual foi pensado e elaborado com muito carinho exclusivamente para você. Neste tempo, aproveite para aprofundar sua relação com o Espírito Santo, preparando-se para que sua Crisma seja o momento de efusão do Espírito e para que tudo isso o motive no percurso que terá que fazer a partir daqui.

Ao longo desses quatro anos, a Igreja partilhou com você os tesouros da fé, o testemunho dos apóstolos pelo qual se entra numa comunhão profunda com Jesus. Deus está se manifestando em sua vida de diversas maneiras. Através desta caminhada, você e seus amigos puderam ter o privilégio de entrar numa relação com Deus por meio de sua Palavra, e isso é um grande mistério. Temos sempre a possibilidade de renovar nosso encontro com Jesus mediante os sacramentos, nos quais Ele permanece vivo para nos alimentar e sustentar no caminho da fé (Comunhão) e para nos levantar se tropeçamos pelo caminho (Confissão), afinal Jesus conta com você e o chama para participar da sua vida e missão no serviço que a Igreja oferece à humanidade.

Neste tempo experimentaremos com maior profundidade a presença amorosa do Espírito Santo de Deus. Se você permitir, Ele o fará um grande discípulo missionário, ou seja, a partir da sua Crisma, você receberá a força do alto para cooperar na construção de um mundo melhor, mais justo e mais fraterno. Você será convidado a ocupar seu espaço na comunidade, a servir nas pastorais e nos movimentos, a dar seu testemunho na família, na escola e em outros âmbitos da sociedade.

Leia a história a seguir e faça seu propósito, a partir daquilo que Deus lhe falar ao coração.

A brasa se apaga fora do braseiro

Um catequizando, na semana seguinte à recepção do sacramento da Crisma, sem nenhum aviso ou causa, se afastou da comunidade.

Após algumas semanas, o catequista resolveu visitá-lo. Era uma noite muito fria.

O catequista encontrou o jovem em casa sozinho, sentado diante de uma lareira. Já supondo a razão da visita, o jovem deu-lhe boas-vindas, conduziu-o a uma grande cadeira perto da lareira e ficou quieto esperando a bronca.

O catequista se sentou bem confortavelmente, mas não disse nada. No silêncio sério, contemplou a dança das chamas em torno da lenha ardente. Alguns minutos depois, o catequista examinou as brasas e cuidadosamente apanhou uma ardente, deixando-a de lado. Voltou a sentar-se e permaneceu silencioso e imóvel. O jovem prestou atenção em tudo, fascinado e quieto.

E então a chama da solitária brasa diminuiu, houve um brilho momentâneo e seu fogo apagou-se de vez.

Nenhuma palavra tinha sido dita desde o cumprimento inicial. O catequista, antes de se preparar para sair, pegou a brasa apagada e inoperante e colocou-a de volta na lareira. Imediatamente aquela brasa começou a incandescer novamente devido ao calor das outras brasas em torno dela. Quando o catequista silenciosamente dirigiu-se à porta para partir, o jovem recém-crismado disse:

– Obrigado, catequista. Agradeço tanto por sua visita quanto pela reflexão que me ajudou a fazer. Eu voltarei à comunidade amanhã mesmo.

Bom ano catequético!
Receba nosso abraço e conte sempre com a chama das nossas orações.

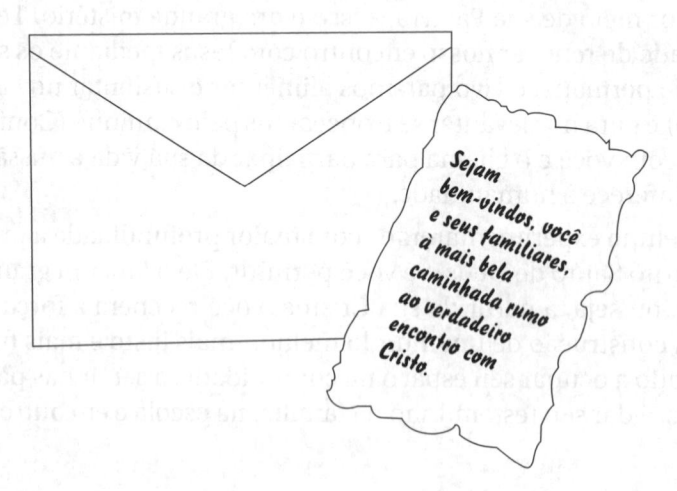

Sejam bem-vindos, você e seus familiares, à mais bela caminhada rumo ao verdadeiro encontro com Cristo.

Catequista e Equipe Diocesana de Animação Bíblico-Catequética
Diocese de Ponta Grossa (PR)

Capacitação inicial para os catequistas

Queridos catequistas, mediante as palavras que o Papa Francisco nos dirige, sintamo-nos cuidados pela Igreja:

Obrigado por este serviço à Igreja e na Igreja. Embora possa ser difícil, pois se semeia tanto, empenha-se e às vezes não se veem os resultados desejados, mas educar na fé é maravilhoso! A melhor herança que podemos dar a alguém é educar na fé, para que essa pessoa cresça. Ajudar as crianças, os adolescentes, os jovens, os adultos a conhecerem e amarem cada vez mais o Senhor é uma das mais belas aventuras educativas; é construir a Igreja! "Ser" catequista é uma vocação. "Ser catequista": esta é a vocação; não é "trabalhar como catequista". "Ser catequista" compromete a vida, pois guiaremos para o encontro com Cristo por meio das palavras e da vida, por meio do testemunho. Lembrem-se daquilo que nos disse Bento XVI: "A Igreja não cresce por proselitismo, cresce por atração". E aquilo que atrai é o testemunho. Ser catequista significa dar testemunho da fé; ser coerente na própria vida. Isto não é fácil. O catequista ajuda, guia para levar ao encontro com Jesus. Gosto de recordar aquilo que São Francisco de Assis dizia aos seus confrades: "Pregai sempre o Evangelho e, se for necessário, também com as palavras". As palavras têm o seu lugar, mas primeiro vem o testemunho: que as pessoas vejam em nossa vida o Evangelho, possam ler o Evangelho. E "ser" catequista requer amor cada vez mais forte a Cristo e ao seu povo santo. Este amor não se compra nas lojas, vem de Cristo! É um presente de Cristo! E se vem de Cristo, parte de Cristo; e nós devemos recomeçar de Cristo, deste amor que Ele nos dá. Amados catequistas, precisamos recomeçar sempre de Cristo! Agradeço-vos pelo que fazeis, mas sobretudo porque estais na Igreja, no povo de Deus a caminho, porque caminhais com o povo de Deus. Permaneçamos com Cristo, procuremos cada vez mais ser um só com Ele; sigamo-lo, imitemo-lo no seu movimento de amor, no seu sair ao encontro do homem; e saiamos, abramos as portas, tenhamos a audácia de traçar estradas novas para o anúncio do Evangelho. Que o Senhor vos abençoe e Nossa Senhora vos acompanhe! Obrigado!

(Discurso do Papa Francisco aos catequistas, no Congresso Internacional de Catequese, em 27 de setembro de 2013)

A capacitação a seguir deve ser organizada pela Coordenação Paroquial de Catequese destinada ao grupo de catequistas:
1. Reflexão do Papa Francisco – Recomeçar de Cristo
2. Conteúdo específico de cada tempo
3. Metodologia e pedagogia do manual
4. Desenvolvimento psicológico do adolescente
5. Os quatro pilares para edificação da fé
6. Celebrações catequéticas com inspiração catecumenal

1. Recomeçar de Cristo

(Reflexão adaptada a partir do discurso do Papa Francisco aos catequistas, no Congresso Internacional de Catequese, em 27 de setembro de 2013.)

O Papa Francisco recomenda 3 atitudes para um catequista, um missionário da Palavra:

a) Recomeçar de Cristo significa **cultivar a familiaridade com Ele**:

Jesus recomenda isso aos discípulos com insistência, na Última Ceia, quando se prepara para viver o dom mais sublime de amor, o sacrifício da Cruz. Recorrendo à imagem da videira e dos ramos, Cristo diz: "Permanecei no meu amor, permanecei ligados a mim, como o ramo está ligado à videira".

Se estivermos unidos a Ele, podemos dar fruto – esta é a familiaridade com Cristo. É permanecer em Jesus, ligados a Ele, n'Ele, com Ele, falando com o Senhor. É estar com o Mestre, ouvi-lo, aprender d'Ele. E isso é sempre válido, é um caminho que dura a vida inteira! É estar na presença do Senhor, deixar-se olhar por Ele. Ter a certeza de que Ele o olha é muito mais importante do que o título de catequista: faz parte do "ser catequista". Isso inflama o coração, mantém aceso o fogo da amizade com o Senhor, faz sentir que Ele verdadeiramente olha para você, está perto de você e o ama. Deixe-se olhar pelo Senhor! É importante encontrar o modo e o tempo adequado para estar com o Senhor.

Para refletir:
- Como é que eu vivo este "estar com Jesus", este "permanecer em Jesus"?
- Tenho momentos em que permaneço na presença dele, em silêncio, e me deixo olhar por Ele?
- Deixo que o seu fogo inflame o meu coração?
- Se, em nosso coração, não há o calor de Deus, do seu amor, da sua ternura, como podemos nós, pobres pecadores, inflamar o coração dos outros?

b) O segunda atitude é **imitá-lo na saída de si mesmo para ir ao encontro do outro**.

Trata-se de uma experiência maravilhosa! Quem coloca Cristo no centro da sua vida descentraliza-se! Quanto mais você se une a Jesus e Ele se torna o centro da sua vida, tanto mais Ele faz você sair de si mesmo, o descentraliza e o abre aos outros. Esse é o verdadeiro dinamismo do amor, esse é o movimento do próprio Deus! Sem deixar de ser o centro, Deus é sempre dom de si, relação, vida que se comunica. E assim nos tornamos também nós, se permanecermos unidos a Cristo, porque Ele faz-nos entrar nesse dinamismo do amor. Onde há verdadeira vida em Cristo, há abertura ao outro, há saída de si mesmo para ir ao encontro do outro, em nome de Cristo. E o trabalho do catequista é este: por amor, sair continuamente de si mesmo para testemunhar Jesus e falar Dele, anunciar Jesus. Isso é importante, porque é obra do Senhor: é precisamente o Senhor que nos impele a sair.

O coração do catequista vive sempre este movimento do coração: "sístole-diástole", "união com Jesus – encontro com o outro". Existem as duas coisas: eu uno-me a Jesus e saio ao encontro dos outros. Se falta um dos dois movimentos, o coração deixa de bater, não pode viver. Recebe em dom o querigma e, por sua vez, oferece-o em dom. O catequista está consciente de que recebeu um dom: o dom da fé; e dela faz dom aos outros. E não reserva uma percentagem para si! Tudo aquilo que recebe, dá. Aqui não se trata de negócio! É puro dom: dom recebido e dom transmitido. E o catequista está ali, na encruzilhada de dom. Isso está na própria natureza do querigma: é um dom que gera missão, que impele sempre para além de si mesmo. São Paulo dizia: "O amor de Cristo nos impele"; mas a expressão "nos impele" também se pode traduzir por "nos possui". É assim o amor: atrai e envia, nos toma e nos dá aos outros. É nessa tensão que se move o coração do cristão, especialmente o coração do catequista.

Para refletir:
- É assim que bate o meu coração de catequista: união com Jesus e encontro com o outro?
- Meu coração de catequista vive este movimento de "sístole e diástole"?
- Alimento-me na relação com Jesus, mas para levá-lo aos outros e não para retê-lo?

c) A terceira atitude situa-se também nesta linha: recomeçar de Cristo significa **não ter medo de ir com Ele para as periferias.**

Vamos lembrar da história de Jonas, uma figura muito interessante, especialmente em nossos tempos de mudanças e incertezas. Jonas é um homem piedoso, com uma vida tranquila e bem ordenada; isso o leva a ter bem claros os seus esquemas e a julgar rigidamente tudo e todos segundo esses esquemas. Vê tudo claro, é rígido! Por isso, quando o Senhor o chama e lhe diz para ir pregar à grande cidade pagã de Nínive, Jonas não quer.

– Ir lá, por quê? Mas eu tenho toda a verdade aqui! Não quero ir...

Nínive está fora dos seus esquemas, está na periferia do seu mundo. Então Jonas escapa, vai para Espanha, foge, embarca num navio. A história de Jonas nos ensina a não ter medo de sair dos nossos esquemas para seguir a Deus, porque Deus vai sempre além. Deus não tem medo! Ultrapassa sempre os nossos esquemas! Deus não tem medo das periferias. Se formos às periferias, encontraremos Deus lá. Ele é sempre fiel e criativo.

E não se compreende um catequista que não seja criativo. A criatividade é como se fosse a coluna do "ser catequista". Deus é criativo, não se fecha, e por isso nunca é rígido. Acolhe-nos, vem ao nosso encontro, compreende-nos. Para sermos fiéis, para sermos criativos, é preciso saber mudar. E por que devo mudar? Para me adequar às circunstâncias em que devo anunciar o Evangelho. Para permanecermos com Deus, é preciso saber sair, não ter medo de sair.

Quando nós, cristãos, estamos fechados em nosso grupo, em nosso movimento, em nossa paróquia, em nosso ambiente, permanecemos fechados; e acontece-nos o que sucede a tudo aquilo que está fechado: quando um quarto está fechado, começa a cheirar a mofo. E se uma pessoa está fechada naquele quarto, adoece! Se um cristão sai pelas estradas, vai às periferias, pode acontecer-lhe o mesmo que a qualquer pessoa que anda na estrada: um acidente. Quantas vezes vimos acidentes nas estradas! Mas eu digo a vocês: prefiro mil vezes uma Igreja acidentada que uma Igreja doente! Prefiro uma Igreja, um catequista que corra corajosamente o risco de sair, que um catequista que estude, saiba tudo, mas sempre fechado: este está doente.

Atenção, porém! Jesus não diz: Ide, arranjai-vos. Jesus diz: Ide, Eu estou convosco! Nisso reside nosso encanto e a nossa força: se formos, se sairmos para levar o seu Evangelho com amor, com verdadeiro espírito apostólico, com franqueza, Ele caminha conosco, precede-nos. O Senhor diz na Bíblia: Eu sou como a flor da amendoeira. Por quê? Porque é a primeira flor que desabrocha na primavera. Ele é sempre o "primeiro". Para nós, isso é fundamental: Deus sempre nos precede! Quando pensamos que temos que ir para longe, para uma periferia extrema, talvez nos invada um pouco de medo; mas, na realidade, Ele já está lá: Jesus espera-nos no coração daquele irmão, na sua carne ferida, na sua vida oprimida, na sua alma sem fé. E uma das periferias que fazem tão mal em nossos dias é a das crianças que não sabem fazer o Sinal da Cruz. Há muitas crianças que não sabem fazer o Sinal da Cruz. Esta é uma periferia! É preciso ir lá! E Jesus está lá, espera por você, catequista, para ajudar aquela criança, aquele adolescente a fazer o Sinal da Cruz. Ele sempre nos precede.

Partilhando com o grupo:
- Estamos fechados em nosso grupo de catequistas, em nosso movimento, em nossa paróquia, em nosso ambiente?
- Temos medo de sair ao encontro dos mais necessitados da luz do Evangelho?
- Em nossa comunidade, em que lugar estão "as periferias" aonde precisamos chegar? Quem são as pessoas que estão lá?
- Como faremos para atingir essas periferias?

Por que utilizar um manual para fazer catequese?

Fazer catequese com um manual é realizar "um itinerário educativo que vai além da simples transmissão de conteúdos doutrinais desenvolvidos nos encontros catequéticos. O Manual propõe um processo participativo de acesso às Sagradas Escrituras, à liturgia, à doutrina da Igreja, à inserção na vida da comunidade eclesial e às experiências de intimidade com Deus" (Diretório Nacional de Catequese 152).

Este manual apresenta um conjunto de passos e operações, necessárias para instruir alguém em determinada etapa do processo. Ele tem como pano de fundo um caminho, porém, ele sozinho não é todo o caminho catequético, pois catequese é muito mais do que apenas aquele momento isolado do encontro. Os momentos de catequese acontecem também na Família, na vida em Comunidade, nas Celebrações e em tantas outras atividades.

A eficácia do processo é garantida por um bom manual, mas também exige preparo, formação, criatividade e planejamento do catequista, participação da comunidade, da família e do sacerdote.

A partir da reflexão acima, qual é a importância da utilização de um manual no processo catequético de iniciação à vida cristã?

Dinamizando o tema

Formar grupos de até 10 pessoas e entregar 1 *kit* em embalagem de plástico contendo:

- 3 canudinhos
- 1 folha colorida
- 5 palitos de sorvete
- 1 bexiga
- 1 pedaço de barbante
- 1 pedaço de papel-cartão
- 1 pedaço de fita-crepe colada no próprio plástico
- 1 guardanapo

Em seguida pedir que cada grupo, utilizando o material do *kit*, monte em equipe "algo que seja útil para percorrer um caminho". Depois alguns grupos podem apresentar o que montaram, explicando o significado.

Conclusão: a utilidade do manual é como a de um *kit*, em que as coisas não estão prontas ou acabadas – nele se encontram recursos para que, mediante planejamento, participação e criatividade, seja possível expressar o que se deseja.

2. Conteúdo específico de cada tempo

a) O 1º Tempo do manual da Coleção Sementes – Sementes de Vida – procura desenvolver o Pré-catecumenato, que tem acento querigmático (primeiro anúncio vibrante de Jesus Cristo).

O processo que este manual propõe é dedicado à interação do catequizando consigo mesmo, com a obra da criação e com os outros, fomenta a confiança mútua no grupo e, sobretudo, conduz para uma relação com Deus na comunidade. É um tempo dedicado para auxiliar os catequizandos a experimentar a alegria do encontro pessoal e intransferível com Jesus Cristo. É preciso favorecer a vivência do processo de conversão (mudança na maneira de interpretar e decidir) para se transformar em discípulos missionários de Jesus, um discípulo que esteja consciente, esclarecido, que aja de modo coerente e generoso. No primeiro tempo evidenciamos a família como "introdutores" nas experiências de fé e vida. As celebrações ajudam a inseri-lo na comunidade, dão acesso à vida litúrgica e santificam esse tempo.

O que você destacaria no processo do 1º Tempo que o manual "Sementes de Vida" realiza?

b) O 2º Tempo da Coleção Sementes – Sementes de Esperança – realiza parte do catecumenato, que é o tempo da catequese propriamente dita, um itinerário mais longo e denso no processo.

No segundo tempo, é desenvolvido um conjunto de temas, dentro da pedagogia catequética própria, visando realizar, de modo harmonioso e abrangente, uma exposição da história da Salvação. Neste tempo de catequese, é necessário "fazer ecoar e ressoar" no íntimo da pessoa a Palavra de Deus, que renova e ilumina seu modo de agir.

O estilo "escolar ou de aula de religião" dá lugar ao estilo "querigmático", isto é, fraterno, comunitário, orante, celebrativo, meditativo, que faz confrontar a vida pessoal e social, proporcionando inserção na comunidade e comunhão com a sua missão. No segundo tempo, evidencia-se a figura do padrinho como "introdutor" nessas experiências de fé e vida.

Neste tempo do catecumenato, acontecem ritos e celebrações importantes para que o catequizando sinta-se progredindo no caminho da fé.

O que você destacaria no processo do 2º Tempo que o manual "Sementes de Esperança" realiza?

c) No manual do 3º Tempo – Sementes de Comunhão – acontece a continuidade do catecumenato e o período chamado de Purificação, de caráter quaresmal e penitencial, e a Iluminação, que é o tempo de preparação para a recepção dos gestos de Jesus, os sacramentos pascais.

Neste tempo o catecumenato prossegue com a síntese dos principais conteúdos da fé cristã, procurando favorecer o entendimento e a vivência da fé pelo catequizando.

A Purificação evidencia o sentido litúrgico da Quaresma para que o catequizando viva esse momento como um "retiro de 40 dias", que favorece a preparação da Páscoa, quando liturgicamente recomenda-se a Iluminação pela recepção do sacramento (pastoralmente, cada comunidade realiza a Iluminação no momento oportuno). Mediante a participação nas catequeses e celebrações deste tempo, o catequizando experimentará uma melhor assimilação do Evangelho em sua vida, da moral cristã, do sentido de pecado, de perdão e reconciliação. O itinerário deste manual perpassa os quatro pilares para edificação e transmissão da fé que o catecismo apresenta (crer, celebrar, viver, rezar).

O que você destacaria no processo do 3º Tempo que os manuais "Sementes de Comunhão" realizam?

d) O 4º e o 5º Tempos do processo da iniciação – Sementes de Participação – são chamados de Mistagogia. É um período privilegiado para um mergulho mais intenso nos "segredos" ou mistérios da fé. Pastoralmente, na Coleção Sementes, esse período abarcará as experiências do aprendizado da fé que firmará (pela crisma ou confirmação) o discípulo.

- O 4º Tempo favorece a percepção da identidade do discípulo, propondo ao crismando um projeto pessoal e comunitário de vida a partir da experiência do encontro com Cristo e seu Evangelho.

- Os conteúdos apresentados no 5º Tempo contribuirão para que o crismando compreenda a dinâmica da vida de uma comunidade cristã, integrando a reflexão com as atividades pastorais e missionárias. A finalidade é imprimir nele a consciência da identificação com o discípulo missionário que age dentro e fora de uma comunidade cristã.

- Também nos séculos III ao V aconteciam neste tempo "catequeses mistagógicas". Mistagogia é um termo formado por duas palavras gregas: "mista", que significa mistério; e "agog", que significa guia, condutor ou orientador. Conseguimos compreender que o itinerário realizado no Tempo de mistagogia será momento favorável para "conduzir para dentro do mistério ou dos segredos de Deus". Suficientemente iniciado, cabe ao catequizando progredir na comunidade cristã e no processo formativo. Como membro da comunidade cristã, precisa sentir-se responsável por si, pela Igreja e por sua missão em favor da transformação da realidade a partir dos valores do Evangelho.

O que você destacaria no processo do 4º e 5º Tempos, que os manuais "Sementes de Participação" realizam?

Conhecendo o itinerário que o processo da Coleção Sementes desenvolve no catequizando nos cinco tempos:

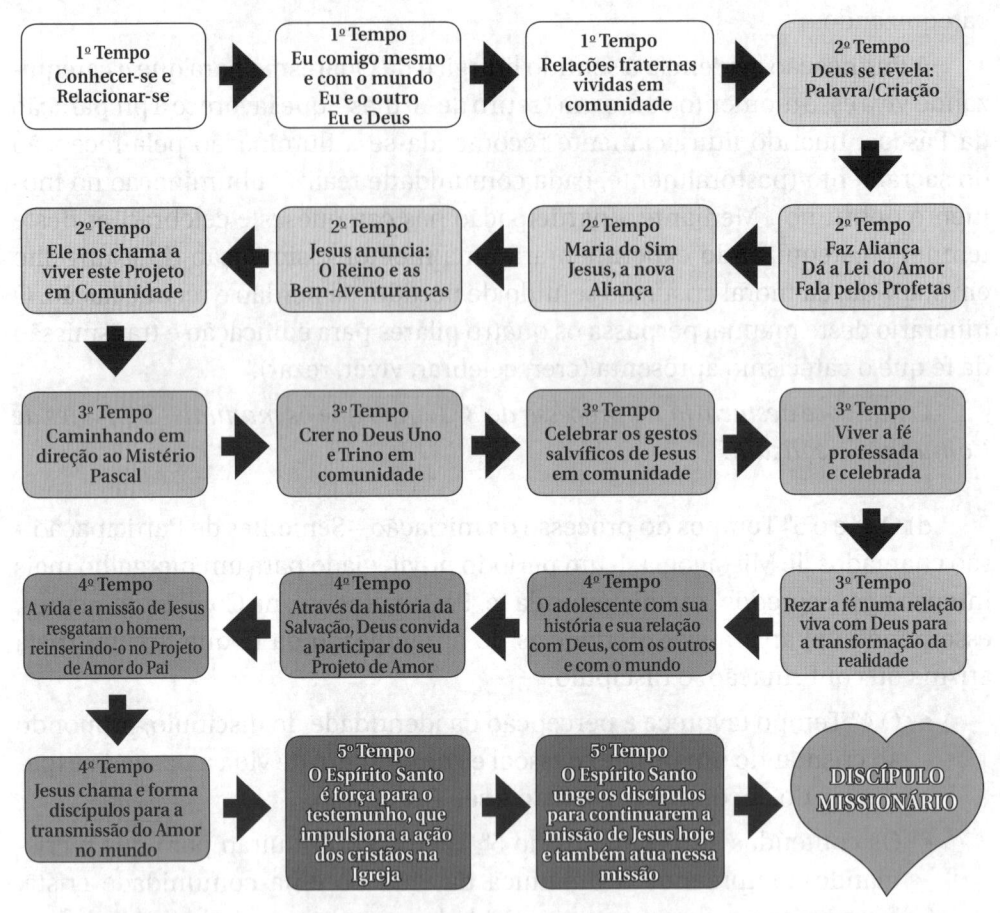

```
┌─────────────────┐   ┌─────────────────┐   ┌─────────────────┐   ┌─────────────────┐
│ 1º Tempo        │→  │ 1º Tempo        │→  │ 1º Tempo        │→  │ 2º Tempo        │
│ Conhecer-se e   │   │ Eu comigo mesmo │   │ Relações        │   │ Deus se revela: │
│ Relacionar-se   │   │ e com o mundo   │   │ fraternas       │   │ Palavra/Criação │
│                 │   │ Eu e o outro    │   │ vividas em      │   │                 │
│                 │   │ Eu e Deus       │   │ comunidade      │   │                 │
└─────────────────┘   └─────────────────┘   └─────────────────┘   └─────────────────┘
                                                                           ↓
┌─────────────────┐   ┌─────────────────┐   ┌─────────────────┐   ┌─────────────────┐
│ 2º Tempo        │←  │ 2º Tempo        │←  │ 2º Tempo        │←  │ 2º Tempo        │
│ Ele nos chama a │   │ Jesus anuncia:  │   │ Maria do Sim    │   │ Faz Aliança     │
│ viver este      │   │ O Reino e as    │   │ Jesus, a nova   │   │ Dá a Lei do Amor│
│ Projeto em      │   │ Bem-Aventuranças│   │ Aliança         │   │ Fala pelos      │
│ Comunidade      │   │                 │   │                 │   │ Profetas        │
└─────────────────┘   └─────────────────┘   └─────────────────┘   └─────────────────┘
        ↓
┌─────────────────┐   ┌─────────────────┐   ┌─────────────────┐   ┌─────────────────┐
│ 3º Tempo        │→  │ 3º Tempo        │→  │ 3º Tempo        │→  │ 3º Tempo        │
│ Caminhando em   │   │ Crer no Deus Uno│   │ Celebrar os     │   │ Viver a fé      │
│ direção ao      │   │ e Trino em      │   │ gestos salvíficos│  │ professada      │
│ Mistério Pascal │   │ comunidade      │   │ de Jesus em     │   │ e celebrada     │
│                 │   │                 │   │ comunidade      │   │                 │
└─────────────────┘   └─────────────────┘   └─────────────────┘   └─────────────────┘
                                                                           ↓
┌─────────────────┐   ┌─────────────────┐   ┌─────────────────┐   ┌─────────────────┐
│ 4º Tempo        │←  │ 4º Tempo        │←  │ 4º Tempo        │←  │ 3º Tempo        │
│ A vida e a      │   │ Através da      │   │ O adolescente   │   │ Rezar a fé numa │
│ missão de Jesus │   │ história da     │   │ com sua história│   │ relação viva com│
│ resgatam o      │   │ Salvação, Deus  │   │ e sua relação   │   │ Deus para a     │
│ homem, rein-    │   │ convida a       │   │ com Deus, com os│   │ transformação   │
│ serindo-o no    │   │ participar do   │   │ outros e com o  │   │ da realidade    │
│ Projeto de Amor │   │ seu Projeto de  │   │ mundo           │   │                 │
│ do Pai          │   │ Amor            │   │                 │   │                 │
└─────────────────┘   └─────────────────┘   └─────────────────┘   └─────────────────┘
        ↓
┌─────────────────┐   ┌─────────────────┐   ┌─────────────────┐   ┌─────────────────┐
│ 4º Tempo        │→  │ 5º Tempo        │→  │ 5º Tempo        │→  │   DISCÍPULO     │
│ Jesus chama e   │   │ O Espírito Santo│   │ O Espírito Santo│   │   MISSIONÁRIO   │
│ forma discípulos│   │ é força para o  │   │ unge os discí-  │   │                 │
│ para a transmis-│   │ testemunho, que │   │ pulos para con- │   │                 │
│ são do Amor no  │   │ impulsiona a    │   │ tinuarem a mis- │   │                 │
│ mundo           │   │ ação dos        │   │ são de Jesus    │   │                 │
│                 │   │ cristãos na     │   │ hoje e também   │   │                 │
│                 │   │ Igreja          │   │ atua nessa      │   │                 │
│                 │   │                 │   │ missão          │   │                 │
└─────────────────┘   └─────────────────┘   └─────────────────┘   └─────────────────┘
```

Olhando o organograma, podemos compreender o ponto de partida e de chegada que cada um dos manuais desenvolve e ter uma visão de conjunto do itinerário realizado ao longo de cada tempo.

As áreas do 1º Tempo representam o manual Sementes de Vida. Ao longo do ano, cada encontro realiza um processo por meio de um conteúdo que conduz a uma experiência com Deus, o qual chama para relações fraternas na comunidade.

As áreas do 2º Tempo representam o percurso realizado com o manual Sementes de Esperança, que lançará as bases da Revelação do Deus da Aliança – experiência da Salvação que em Jesus somos chamados a vivenciar na comunidade.

As áreas do 3º Tempo ajudam a compreender que o manual Sementes de Comunhão favorece a espiritualidade, junto com os exercícios próprios do tempo quaresmal, conduzindo à experiência do mistério pascal. A seguir, são apresentados o símbolo da fé (credo), a inserção na comunidade pela participação no mistério sacramental da presença eucarística do Ressuscitado e a vivência da fé pelo agir cristão (mandamentos), tudo isso permeado pela oração cristã.

Fica claro que, ao longo dos três anos, acontece um processo de inserção na comunidade, e a expressão dessa pertença comunitária é a vida eucarística.

Depois podemos ver, nas áreas do 4º e do 5º Tempos, as etapas desenvolvidas pelos dois volumes do manual Sementes de Participação. Já inserido na experiência da comunidade, o catequizando retomará o conhecimento e a compreensão de si nessa fase de pré-adolescência e adolescência, seguindo no processo de maturidade da fé. Firmando suas convicções na comunidade, poderá aprofundar suas opções para o serviço de discipulado e, experimentando a atuação e a força do Espírito, poderá tornar-se também missionário.

Essa é a visão de conjunto da catequese de iniciação que a Coleção Sementes realiza por meio da metodologia aplicada nos cinco tempos. Deseja inserir a pessoa no mistério do encontro com o Ressuscitado presente na comunidade em vista de formar no catequizando um coração de discípulo missionário da Igreja para a construção de uma sociedade mais justa e fraterna.

Refletindo com o grupo

- Esta visão de conjunto que a Coleção Sementes apresenta contribui de que forma para a realização do serviço catequético?

(Depois da partilha em grupo, os catequistas se reúnem conforme os tempos nos quais ministrarão catequese e leem o que segue.)

3. Metodologia e pedagogia do manual

Este manual foi preparado com carinho para você, que acredita no serviço catequético e faz do encontro de catequese uma ocasião festiva de convivência, de partilha e de encontro vivo com o Senhor, tornando a "catequese um caminho que, pelo Encontro com Jesus, forma discípulos missionários".

No início de cada encontro, você deparará com a expectativa, que apresenta os objetivos a serem alcançados. Em seguida aparece o material a ser providenciado para dinamizar o encontro e a preparação prévia do ambiente. Depois segue um texto de formação e preparação, que servirá para seu aprofundamento pessoal e sua preparação espiritual sobre o tema a ser desenvolvido.

A partir daí cada encontro utilizará um dos cinco componentes que evidenciam a vida da comunidade cristã e, por meio deles, acontecerá a transmissão da fé.

Vamos conhecer estes cinco componentes que mostram a dinâmica de vida das primeiras comunidades:

a. Ensino ou *DIDASKALIA*:

Didaskalia é a instrução dada pelos Apóstolos sobre a vida e a missão de Cristo para gerar a fé ("eram perseverantes em ouvir o ensinamento dos apóstolos").

O discípulo missionário aprende pela pregação ou *didaskalia*, momento no qual a comunidade se encontra para acolher o ensino da fé.

b. Testemunho ou MARTYRIA:

Martyria é o testemunho de fidelidade a Cristo dado pelos Apóstolos, os discípulos missionários.

O discípulo missionário testemunha o que aprendeu da Palavra, tornando-se sinal de transformação das realidades ("colocavam tudo em comum; vendiam suas propriedades e seus bens e repartiam o dinheiro entre todos").

c. Celebração ou LITURGIA:

Liturgia é celebração memorial que atualiza a entrega de Jesus, para a glória do Pai, e que santifica o discípulo missionário.

O discípulo missionário celebra aquilo que aprendeu da Palavra e da qual dá testemunho. Aqueles que foram ensinados pela Palavra e a ela aderiram reúnem-se em comunidade para celebrar o Senhor, mantendo e consolidando sua fé ("todos frequentavam o Templo, partiam o pão pelas casas e, unidos, tomavam a refeição com alegria e simplicidade de coração").

d. Serviço ou DIAKONIA:

A *Diakonia* é o serviço que o discípulo missionário realiza para transformar uma realidade pelos valores do Evangelho ("prodígios e sinais que os apóstolos realizavam").

O discípulo missionário se coloca a serviço, a partir daquilo que aprendeu, testemunhou e celebrou.

e. Vida fraterna ou KOINONIA:

A *koinonia* é a comunhão, a participação que educa o discípulo missionário para a vida fraterna na comunidade, como sinal do amor de Deus para o mundo ("todos os que abraçavam a fé viviam unidos").

Esses cinco componentes caracterizam a dinâmica de vida de uma comunidade, conforme ilustram as engrenagens:

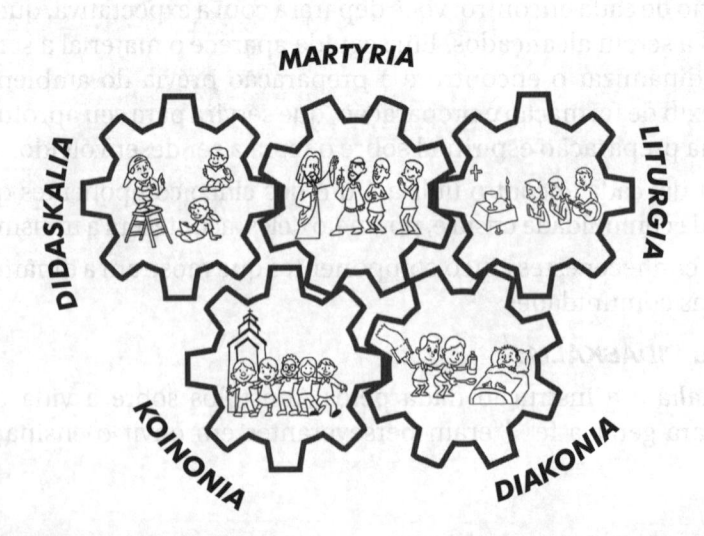

Esses cinco componentes engrenados revelam com clareza a comunidade dos discípulos de Jesus que proporciona a outros o encontro com o Senhor.

Durante os encontros do 5º Tempo, esses componentes ajudarão os catequizandos no aprendizado da fé, na vivência da fraternidade, na prontidão ao serviço, no encorajamento para testemunhar e na disposição para celebrar em comunidade.

Ao longo deste ano, por meio do processo que os cinco componentes proporcionarão nos encontros, os catequizandos passarão por um treinamento para consolidar neles um coração de discípulo missionário.

Durante os encontros do 5º Tempo, cada um dos cinco componentes será aprofundado:

A – ENCONTRO DE *DIDASKALIA* (ENSINO):
Didaskalia é a instrução dada pelos Apóstolos sobre a vida e missão de Cristo para gerar a fé.

B – ENCONTRO DE *MARTYRIA* (TESTEMUNHO):
Martyria é o testemunho de fidelidade a Cristo dado pelos Apóstolos, os discípulos missionários.

C – ENCONTRO DE *LITURGIA* (CELEBRAÇÃO)
Liturgia é celebração memorial da entrega de Cristo, para a glória do Pai, que santifica o discípulo missionário.

D – ENCONTRO DE *DIAKONIA* (SERVIÇO)
A *Diakonia* é o serviço do discípulo missionário para transformar uma realidade mediante os valores do Evangelho.

E – ENCONTRO DE *KOINONIA* (VIDA FRATERNA)
A *koinonia* é comunhão, participação, que educa o discípulo missionário para a vida fraterna na comunidade.

No final do manual há um Anexo com recursos para alguns encontros e também um Diário Espiritual, no qual os catequizandos serão motivados a fazer a experiência semanal da Leitura Orante da Palavra a partir de um texto bíblico relacionado ao assunto tratado no encontro de catequese. A motivação para essa prática está na reflexão a seguir:

A Palavra de Deus, que encontramos nas Sagradas Escrituras, é uma das fontes da fé e da missão. Ela sustenta a caminhada, inspira o encontro com Jesus, orienta e anima a prática da justiça e da solidariedade.

Entre as muitas formas de se aproximar da Sagrada Escritura, existe uma privilegiada, à qual somos todos convidados: o exercício da Leitura Orante da Bíblia. Depois de apaziguar o coração, o catequizando se colocará diante de Deus, invocando o auxílio do Espírito Santo. Em seguida, utilizará os quatro passos desse método de oração:

- Leitura: é ler o texto e acolhê-lo em sua integralidade, sem acrescentar nem retirar nada, percebendo o que diz a Palavra.
- Meditação: é recapitular o texto para acolher o que Deus me diz por meio da Palavra.
- Oração: é o diálogo que se estabelece, aquilo que o coração deseja responder a Deus.
- Contemplação: é dar espaço na vida para concretizar o compromisso assumido com a Palavra de Deus de modo que ela ilumine a realidade da vida e a anime para o "serviço do Reino".

O método da Leitura Orante da Palavra nos configura aos gestos de Jesus, favorecendo o encontro pessoal com o Ressuscitado.

> **Refletindo com o grupo**
>
> - Em sua opinião, é importante desenvolver no encontro catequético os passos da metodologia que o manual apresenta? Por quê?

4. Desenvolvimento psicológico da criança entre 12 e 14 anos

Vimos que, na fase anterior (9 a 11 anos), a criança passa pelo desenvolvimento da Indústria, ou seja, adquire a competência para criar e executar habilidades no trabalho, no grupo de amigos, na relação familiar.

A fase que vem a seguir é a Puberdade. Nesta fase, o corpo desenvolve-se, ocupa "mais espaço", abre-se para novas possibilidades, inclusive a da procriação. O corpo vai se preparar biologicamente para reproduzir, gerar, dar origem a uma nova vida.

Inicia-se mais concretamente a formação da identidade sexual, que será possibilitada pelas relações estabelecidas com grupos da mesma faixa etária e do mesmo sexo e também pela busca de modelos de lideranças e heróis – gente que faz diferença. O ideal seria encontrá-los em seu meio familiar.

Essas relações desafiam o adolescente a ser uma pessoa que possa ser aceita pelo grupo de convívio: amigos, líderes, colegas.

Nesta fase, o adolescente vive os contrastes em busca de firmar sua identidade. Passará, então, necessariamente pela "crise de identidade".

Enquanto passa pela crise, a identidade vai se delineando nas dimensões: sexual, profissional, ideológica.

Torna-se mais relevante aqui o "conceito de orientação na vida".

É uma fase importante para ajudá-los a desenvolver o que ficou defasado nas fases anteriores: autoestima, autoconfiança, autonomia e independência.

Sugestões para atividades nesta fase:
- Gincanas, atividades que proporcionem competitividade.
- Incentivá-los a desenvolver teatros com temas compatíveis aos abordados na catequese.
- Ajudá-los a descobrir a importância do contato pessoal, ensinando valores como respeito por si e pelo outro, amor ao próximo etc.
- Incluir temas como *bullying*, vício na internet, drogas, álcool, sexo, valores cristãos.
- Fazer mesas-redondas, incentivando o raciocínio e o senso crítico e sugerindo temas atuais, voltados aos interesses deles.
- É um momento importante para ajudá-los a desenvolver valores éticos, humanos e morais, assim como a descobrir o sentido de vida, a missão.
- Incentivá-los também a buscar seus dons e talentos e aprender a colocá-los a serviço da humanidade.

Tais atividades devem ser muito bem conduzidas pelos catequistas para evitar preconceitos, frustrações e não aceitação de suas dificuldades e das dificuldades do outro.

Refletindo com o grupo

- Comente o que mais lhe chamou atenção sobre o desenvolvimento psicológico do catequizando desta faixa etária.
- Percebendo os estímulos necessários para o serviço nesta fase do desenvolvimento do catequizando, você se identifica com o perfil do catequista para este Tempo?

---

5. Os quatro pilares para transmissão da fé

É importante que o catequista saiba que o conjunto dos temas deste manual procura apresentar progressivamente conteúdos que fazem parte dos quatro pilares que a Igreja se utiliza para transmitir a fé. Por meio desses quatro pilares ou de grandes temas, desenvolvemos com a metodologia do manual uma catequese bíblica, litúrgica, celebrativa, vivencial e orante, que ajuda a pessoa a sistematizar ou compreender a fé revelada na Escritura.

Os quatro pilares são:

1º Crer (temas sobre a Revelação – no organograma com o coração)

2º Celebrar (temas sobre Liturgia e sacramento – no organograma com a estrela)

3º Viver (temas sobre mandamentos para o Agir – no organograma com a seta)

4º Rezar (temas sobre Oração – no organograma com a cruz)

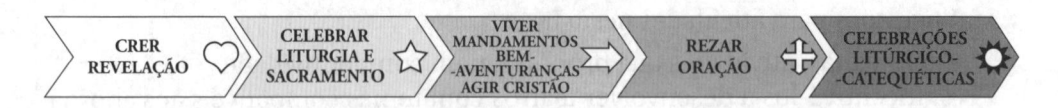

> CRER REVELAÇÃO ♥ > CELEBRAR LITURGIA E SACRAMENTO ☆ > VIVER MANDAMENTOS BEM-AVENTURANÇAS AGIR CRISTÃO → > REZAR ORAÇÃO ✝ > CELEBRAÇÕES LITÚRGICO- -CATEQUÉTICAS ☀

6. Celebrações catequéticas com inspiração catecumenal

Já vimos anteriormente que a dimensão orante e celebrativa deve caracterizar a catequese, para que ela não caia na tentação de ser feita de encontros só de estudo e compreensão intelectual da mensagem evangélica. A celebração também educa a pessoa e o grupo para a oração e contemplação, para o diálogo filial e amoroso, pessoal e comunitário com o Pai. A dimensão catecumenal da catequese tem aqui sua maior expressão.

As celebrações presentes ajudam a descobrir a linguagem dos ritos, dos símbolos, dos gestos e das posturas, dando acesso à vida de oração e contemplação. Integram o catequizando, a família e a comunidade, proporcionando que todos compreendam a vitalidade e a força que esses mistérios possuem de atualizar no tempo a presença viva de Deus.

As celebrações também são excelentes oportunidades para compreensão do processo feito, pois, além de colaborarem na inserção do catequizando na vida da comunidade, permitem salientar o papel catequizador dela. O catequista pode avaliar, pela convivência entre os catequizandos, se as atitudes deles estão sendo permeadas pelos valores do Evangelho. Tudo isso substitui as insuficientes "provas", porque a catequese não é um curso sobre fé e religião. Ela deseja imprimir na vida as atitudes cristãs para que a pessoa saiba proceder tendo o Evangelho como critério de ação.

Partilhando com o grupo:
- O que você compreendeu sobre a importância das celebrações catequéticas com inspiração catecumenal?
- Em grupos, verifique abaixo o conjunto de temas que será trabalhado neste Tempo e identifique, conforme os símbolos, a qual dos quatro pilares cada um deles pertence.

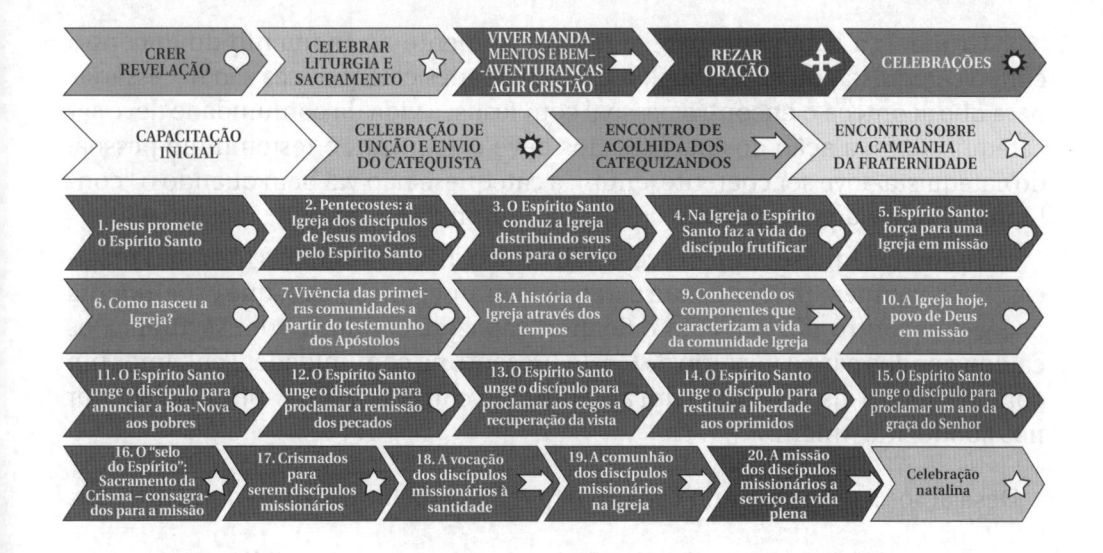

CRER REVELAÇÃO	CELEBRAR LITURGIA E SACRAMENTO	VIVER MANDAMENTOS E BEM-AVENTURANÇAS AGIR CRISTÃO	REZAR ORAÇÃO	CELEBRAÇÕES
CAPACITAÇÃO INICIAL	CELEBRAÇÃO DE UNÇÃO E ENVIO DO CATEQUISTA	ENCONTRO DE ACOLHIDA DOS CATEQUIZANDOS	ENCONTRO SOBRE A CAMPANHA DA FRATERNIDADE	

1. Jesus promete o Espírito Santo	2. Pentecostes: a Igreja dos discípulos de Jesus movidos pelo Espírito Santo	3. O Espírito Santo conduz a Igreja distribuindo seus dons para o serviço	4. Na Igreja o Espírito Santo faz a vida do discípulo frutificar	5. Espírito Santo: força para uma Igreja em missão
6. Como nasceu a Igreja?	7. Vivência das primeiras comunidades a partir do testemunho dos Apóstolos	8. A história da Igreja através dos tempos	9. Conhecendo os componentes que caracterizam a vida da comunidade Igreja	10. A Igreja hoje, povo de Deus em missão
11. O Espírito Santo unge o discípulo para anunciar a Boa-Nova aos pobres	12. O Espírito Santo unge o discípulo para proclamar a remissão dos pecados	13. O Espírito Santo unge o discípulo para proclamar aos cegos a recuperação da vista	14. O Espírito Santo unge o discípulo para restituir a liberdade aos oprimidos	15. O Espírito Santo unge o discípulo para proclamar um ano da graça do Senhor
16. O "selo do Espírito": Sacramento da Crisma – consagrados para a missão	17. Crismados para serem discípulos missionários	18. A vocação dos discípulos missionários à santidade	19. A comunhão dos discípulos missionários na Igreja	20. A missão dos discípulos missionários a serviço da vida plena	Celebração natalina

Objetivo do conjunto dos encontros do 5º Tempo: favorecer um tempo de mistagogia, período privilegiado para um mergulho mais intenso nos "segredos" ou mistérios da fé. Neste quinto volume, já inserido na experiência da comunidade, o catequizando perceberá a ação do Espírito Santo ao longo da história da Igreja, na vida dos discípulos missionários e em sua própria história. Firmando suas convicções na comunidade, o catequizando será motivado a aprofundar suas opções para o serviço de discipulado por meio das pastorais e movimentos, auxiliado pela graça do Espírito Santo, que o impulsionará para a missão.

Este processo é permeado por uma pedagogia mistagógica, realizada com segurança e com espírito orante, que possibilitará ao catequizando a experiência do encontro com o Ressuscitado.

A finalidade é que o catequizando sinta-se impelido ao discipulado na comunidade, na força do Espírito Santo, participando também da missão que a comunidade recebeu.

O método utilizado neste manual incentiva os catequizandos a sentirem a dinâmica da vida da comunidade cristã: o ensino (*didaskalia*), o testemunho (*martyria*), a celebração (*liturgia*), o serviço (*diakonia*) e a vida fraterna (*koinonia*).

A eficácia do serviço catequético fundamenta-se na experiência de fé, no testemunho e participação comunitária do catequista, na busca permanente de formação e na criatividade para preparar e desenvolver os encontros, virtudes próprias de quem ama.

Para concluir a formação, vamos meditar no que segue:

Grupo 1: a iniciação cristã de uma pessoa não se avalia mediante "provas". O fundamental é acompanhar o catequizando ao longo do caminho e perceber no processo o conjunto de ações cristãs que estão sendo gravadas no coração e nos gestos do catequizando.

Grupo 2: a catequese não se resume somente ao momento do encontro com o catequista, ou ao manual; outras atividades catequéticas são necessárias para que aconteça o encontro pessoal com Jesus: a vida da comunidade deve ser catequizadora, a ação dos pais cristãos deve catequizar, o testemunho pessoal do catequista deve ser coerente, enfim, a catequese não vai bem quando o "conjunto da vida e do testemunho cristão da comunidade dos batizados vai mal".

Todos: catequese é um processo dinâmico, não se resume a fórmulas mágicas. Ela depende também de um catequista orante, mistagogo, que experimenta e vive o encontro pessoal com o Senhor, capaz de conduzir com segurança os catequizandos para o mistério de Cristo presente na comunidade. Tenhamos um coração dócil e disposto para um aprendizado constante, e o Espírito do Senhor nos conduzirá. Amém!

Desejamos a todos um ano catequético repleto da luz e da sabedoria de Deus.

Equipe Diocesana de Animação Bíblico-Catequética
Diocese de Ponta Grossa – PR

Celebração de unção e envio do catequista

Sugerimos que essa celebração seja realizada preferencialmente em um horário de missa com a comunidade, pais e catequizandos. Poderá ser adaptada se não for possível contar com a presença de um sacerdote.

Material de apoio:
- cópia desta celebração para dirigente, sacerdote e catequistas
- velas para todos os catequistas
- círio pascal aceso
- Bíblia (cada catequista deve levar a sua)
- óleo (para o padre abençoar e ungir os catequistas)

(combinar os cantos antecipadamente com a equipe da celebração litúrgica)

Após o Oremos, depois da Comunhão

O sacerdote, diácono, ministro, comentarista ou coordenador (a) de catequese convida os catequistas para que se dirijam o mais próximo possível da mesa da Palavra (Ambão).

(Enquanto eles se encaminham ao local, o dirigente explica à comunidade:)

Dirigente:

– Queridos irmãos e irmãs, alegremo-nos, pois hoje é um dia especial para nossa comunidade. Neste momento os catequistas receberão da Igreja e de nossa comunidade a oração de envio para que cumpram com a graça de Deus a sua missão de introduzir nossos catequizandos no conhecimento da fé, favorecendo o encontro vivo com Cristo.

(O catequista, com a sua Bíblia aberta, aproxima-se.)

Sacerdote ou diácono *(impondo a mão sobre os catequistas, reza)*:

– Pai de bondade, abençoai nossos catequistas, a fim de que, movidos pelo vosso Espírito Santo, cumpram fielmente a sua missão de anunciar a vossa Palavra. Que eles possam introduzir nossos catequizandos, adolescentes e adultos, no conhecimento e no encontro vivo com o vosso Filho para melhor participarem dos Mistérios da Fé. Concedei também que nossa comunidade seja uma "comunidade catequizadora", na qual as pessoas possam encontrar, pelo nosso testemunho, a presença de Jesus Cristo, que dá sentido para a vida. Isso vos pedimos em nome do vosso Filho, na unidade do Espírito Santo. Amém.

Dirigente:

– Cantemos todos juntos:

"Vem, vem, vem, vem, Espírito Santo de Amor, vem a nós, traz a Igreja um novo vigor". (2 vezes)

Dirigente:

– Agora, catequistas, voltados para a Palavra de Deus no ambão, segurando sua Bíblia, coloquem uma das mãos sobre ela e rezem.

Catequistas:

– Senhor, com o batismo nos tornaste mensageiros de tua Palavra. Nós, catequistas, acolhemos com gratidão e alegria o convite que nos fizeste para colaborarmos no crescimento do Corpo de Cristo. Dá-nos a tua graça para educarmos na fé e animarmos nossa comunidade.

Que o Teu Espírito seja nossa força para que, como profetas, anunciemos tua presença pela Palavra.

Canto:
"Vem, Espírito Santo, vem, vem iluminar!" (2 vezes)

(O Círio deve estar aceso e ao redor deve haver uma vela para cada catequista.)

Dirigente:
– Agora, catequistas, dirijam-se para perto do Círio Pascal e estendam a mão em direção a ele, rezando.

Catequistas:
– Cristo Ressuscitado, dai-nos a luz do teu Espírito e imprime em nós os teus pensamentos, a tua maneira de ver a história, de compreender e julgar a vida, de amar sem medida, de agir como servos sempre em favor da vida. Ajudai-nos a promover os pequenos e fracos, a anunciar a esperança, para que, unidos na comunidade, possamos realizar o projeto da fraternidade, da justiça e da paz onde vivemos, levando tua Palavra como luz para o mundo. Amém.

(Os catequistas pegam suas velas, segurando também a Bíblia.)

Dirigente:
– Agora o sacerdote acenderá uma vela no Círio e transmitirá esta luz para a vela da coordenadora, que a comunicará para os catequistas. Enquanto isso, acompanhemos esse gesto cantando.

Canto:
"Dentro de mim existe uma luz, que me leva por onde deverei andar..."

Dirigente:
– Neste momento o sacerdote, junto com a comunidade, estenderá as mãos sobre os catequistas para proferir a oração da unção e envio para o serviço de educar na fé e de promover o encontro dos catequizandos com Cristo Ressuscitado.

(Os catequistas, com as mãos livres, ajoelham-se.)

Sacerdote e comunidade:
– Pai de bondade, que ungistes vosso Filho com o Espírito Santo, nós vos pedimos que, volvendo vosso olhar em favor dos nossos catequistas, derrameis sobre eles vossa unção para que anunciem com vigor, coragem e entusiasmo vossa Palavra que é Vida, fazendo-nos vitoriosos em todo combate.

(Enquanto isso, unge as mãos dos catequistas e o povo canta.)

Canto:
"Envia teu Espírito Senhor / A nós descei divina luz". (ou outro canto oportuno)

(Bênção para toda a comunidade e canto final.)

Encontro de acolhida dos catequizandos

Expectativa para o encontro:
- Fomentar a vida fraterna.
- Conhecer os cinco componentes da vida de uma comunidade cristã utilizados no processo de formação do discípulo missionário neste manual.

Providenciar:

- Bíblia
- 1 imagem de Jesus (ou crucifixo)
- flores
- 5 envelopes
- 5 cartões (ver Anexo) para colocar um em cada um dos envelopes
- 1 saquinho de TNT com a frase "MANDAMENTOS DA AMIZADE" escrita na frente
- balas ou pirulitos para cada catequizando (colocar as balas ou pirulitos dentro do saquinho de TNT) – cada bala ou pirulito deverá estar acompanhado com uma das frases contidas no Anexo.

Ambiente:
- Preparar uma mesa com toalha, Bíblia, vela, imagem de Jesus ou crucifixo e flores.

1. Acolhida

(Acolher os catequizandos com alegria, dando-lhes "BOAS-VINDAS" e um abraço. Em seguida, convidá-los para sentarem-se em círculo.)

Jesus estabeleceu com seus discípulos uma relação de amizade:

"Eu já não chamo vocês de servos, pois o servo não sabe o que seu senhor faz. Mas chamo vocês de amigos, porque eu comuniquei a vocês tudo o que ouvi de meu Pai" (Jo 15,15).

Somos chamados a ser discípulos missionários, desfrutando da amizade que Jesus nos oferece.

É na comunidade que os laços de amizade são construídos e se aprofundam.

Na comunidade progressivamente o Senhor nos educa, convidando-nos a participar de sua vida.

Esta é a experiência que este tempo de catequese favorece.

(Passar o saquinho de bala ou pirulito e pedir que cada catequizando retire uma bala ou um pirulito com a mensagem; ler e passar o saquinho para o outro, que deverá fazer o mesmo gesto.)

Para concluir:

A partir do modelo de amizade que Jesus nos oferece, aprendemos, em comunidade, as lições da gratuidade, da vida fraterna, do serviço aos irmãos e do respeito mútuo.

Com o gesto de um abraço amigo, vamos desejar "BOAS-VINDAS" uns aos outros.

2 Refletindo juntos

A amizade com Jesus marcou profundamente os discípulos. Isso podia ser percebido a partir da dinâmica de vida que as comunidades adotaram para que outras pessoas pudessem sentir-se na presença de Jesus.

Ouçamos a leitura de At 2,42-47:

"Os que haviam se convertido eram perseverantes em ouvir o ensinamento dos apóstolos, na comunhão fraterna, na fração do pão e nas orações. E todos estavam cheios de temor por causa dos numerosos prodígios e sinais que os apóstolos realizavam. Todos os que abraçavam a fé viviam unidos e colocavam tudo em comum; vendiam suas propriedades e seus bens e repartiam o dinheiro entre todos, conforme a necessidade de cada um. Diariamente, todos frequentavam o Templo, partiam o pão pelas casas e, unidos, tomavam a refeição com alegria e simplicidade de coração. Louvavam a Deus e eram estimados por todo o povo. E, cada dia, o Senhor acrescentava ao seu número mais pessoas que seriam salvas."

Por meio dessa narrativa dos Atos dos Apóstolos, temos uma imagem da dinâmica de vida de uma comunidade, que caracterizou seu estilo de vida a partir da experiência do encontro com Cristo, proporcionando-o também para os outros.

Vamos identificar quais são os componentes dessa dinâmica da vida da comunidade cristã:

a) **Ensino ou *DIDASKALIA*:**

- *Didaskalia* é a instrução dada pelos Apóstolos sobre a vida e a missão de Cristo para gerar a fé ("eram perseverantes em ouvir o ensinamento dos apóstolos").
- O discípulo missionário aprende pela pregação ou *didaskalia*, momento no qual a comunidade se encontra para acolher o ensino da fé.

b) **Testemunho ou *MARTYRIA*:**
- *Martyria* é o testemunho de fidelidade a Cristo dado pelos Apóstolos, os discípulos missionários.
- O discípulo missionário testemunha o que aprendeu da Palavra, tornando-se sinal de transformação das realidades ("colocavam tudo em comum; vendiam suas propriedades e seus bens e repartiam o dinheiro entre todos").

c) **Celebração ou *LITURGIA*:**
- Liturgia é celebração memorial que atualiza a entrega de Jesus para a glória do Pai e que santifica o discípulo missionário.
- O discípulo missionário celebra aquilo que aprendeu da Palavra e sobre a qual dá testemunho. Aqueles que foram ensinados pela Palavra e a Ela aderiram reúnem-se em comunidade para celebrar o Senhor, mantendo e consolidando sua fé ("todos frequentavam o Templo, partiam o pão pelas casas e, unidos, tomavam a refeição com alegria e simplicidade de coração").

d) **Serviço ou *DIAKONIA*:**
- A Diaconia é o serviço que o discípulo missionário realiza para transformar uma realidade mediante os valores do Evangelho ("prodígios e sinais que os apóstolos realizavam").
- O discípulo missionário se coloca a serviço a partir daquilo que aprendeu, testemunhou e celebrou.

e) **Vida fraterna ou *KOINONIA*:**
- A koinonia é a comunhão, a participação que educa o discípulo missionário para a vida fraterna na comunidade, como sinal do amor de Deus para o mundo ("todos os que abraçavam a fé viviam unidos").

Esses cinco componentes caracterizam a dinâmica de vida de uma comunidade cristã. Observem a imagem das engrenagens com esses componentes:

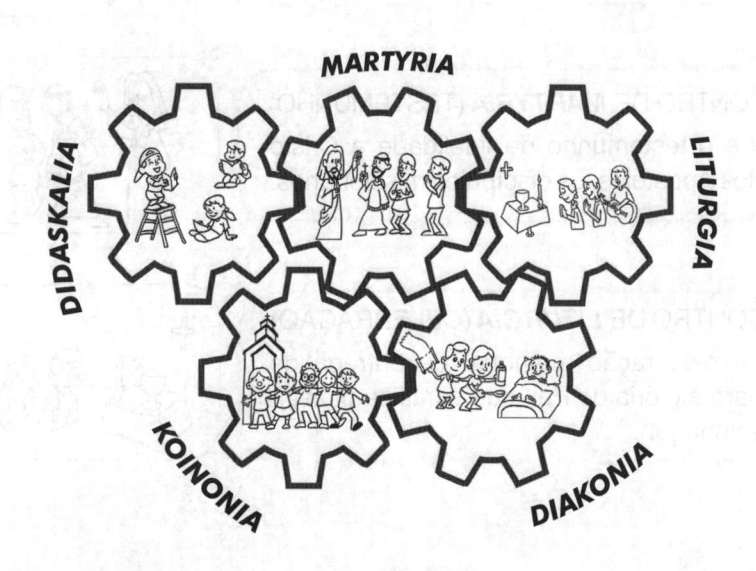

Podemos compreender duas lições:

Catequizandas: Os cinco componentes engrenados revelam mais claramente a comunidade dos amigos de Jesus.

Catequizandos: A comunidade que proporciona um caminho com os cinco componentes forma o discípulo missionário.

Por isso, durante os encontros do 5º Tempo, perceberemos que esses componentes nos ajudarão no aprendizado da fé, na vivência da fraternidade, na prontidão ao serviço, no encorajamento para testemunhar e na disposição para celebrar em comunidade.

Todos: Ao longo deste ano, por meio do processo que os cinco componentes nos proporcionarão nos encontros, faremos um treinamento para consolidar em nós um coração de discípulos missionários.

Para compreendermos melhor os cinco componentes, que também dinamizam os temas dos nossos encontros, vamos fazer um jogo. Cada um vai ler os cinco quadros abaixo, observando também as figuras.

Em seguida vou escolher cinco catequizandos para realizarmos o jogo.

(Tempo para que leiam. Enquanto leem, colocar cinco cadeiras viradas de costas para o grupo e sobre cada uma, um envelope com o cartão de um dos componentes presentes nos encontros.)

A – ENCONTRO DE *DIDASKALIA* (ENSINO):
Didaskalia é a instrução dada pelos Apóstolos sobre a vida e missão de Cristo para gerar a fé.

B – ENCONTRO DE *MARTYRIA* (TESTEMUNHO):
Martyria é o testemunho de fidelidade a Cristo dado pelos Apóstolos, os discípulos missionários.

C – ENCONTRO DE *LITURGIA* (CELEBRAÇÃO)
Liturgia é celebração memorial da entrega de Cristo, para a glória do Pai, que santifica o discípulo missionário.

D – ENCONTRO DE *DIAKONIA* (SERVIÇO)
A *Diakonia* é o serviço do discípulo missionário para transformar uma realidade mediante os valores do Evangelho.

E – ENCONTRO DE *KOINONIA* (VIDA FRATERNA)
A *koinonia* é comunhão, participação, que educa o discípulo missionário para a vida fraterna na comunidade.

Agora vou chamar os cinco catequizandos *(escolher aleatoriamente)*.

Cada um vai escolher uma das cadeiras e pegar o envelope que está sobre ela, sentando-se.

Vão abrir o envelope, ler o cartão e se preparar para fazer uma mímica, a fim de que o grupo descubra que componente está escrito no cartão. A cada descoberta, a cadeira do catequizando será desvirada.

Enquanto os cinco se preparam, releiam os quadros para facilitar a brincadeira. *(tempo)*

(Quando os cinco estiverem prontos, iniciar o jogo, até que as cinco cadeiras sejam desviradas. Se necessário, repetir o jogo com outros cinco catequizandos para fixar bem o assunto.)

3 Oração – Dialogando com Deus

Vamos estender a mão direita em direção da imagem de Jesus ou do crucifixo e ler juntos a "Oração do Catequizando", pedindo que Ele nos ensine a viver esses cinco componentes que caracterizam a comunidade de Jesus e formarão o nosso coração de discípulo missionário.

Todos: Senhor,
Dai-me forças para perseverar na Catequese,
Que eu não desista diante do primeiro obstáculo.
Quero ser fiel aos teus ensinamentos
E assim aplicá-los na minha vida diária.

Dai-me entendimento para compreender tua Palavra
Para que eu possa também proclamá-la,

Anunciando o teu Reino,
Testemunhado com os meus atos o teu Evangelho.

Dai-me fé suficiente para crer,
Percebendo em cada detalhe da vida tua presença.
Agradecendo e louvando pelas maravilhosas obras de tuas mãos,
Sendo parte integrante na construção do teu Reino.

Dai-me humildade para acolher os teus desígnios,
Transformando-me em um cristão autêntico,
Convicto da fé que minha Igreja professa.
Amém!

4 **Compromisso**
Rezar com a família essa oração, pedindo força e sabedoria para que você e seus familiares sejam discípulos missionários de Jesus.

Encontro sobre a Campanha da Fraternidade

Expectativa para o encontro:

- Conhecer a história da Campanha da Fraternidade e seus diversos enfoques.
- Conscientizar sobre a responsabilidade de todos pela evangelização e promoção humana, em vista de uma sociedade justa e solidária.

Providenciar:

- varal
- mural
- tiras de papel com as palavras QUARESMA, QUARTA-FEIRA DE CINZAS, ORAÇÃO, JEJUM, CARIDADE, CAMPANHA DA FRATERNIDADE, DOMINGO DE RAMOS, SEMANA SANTA, TRÍDUO PASCAL, QUINTA-FEIRA SANTA, EUCARISTIA, SEXTA-FEIRA SANTA, SÁBADO SANTO, TEMPO PASCAL
- pequeno tecido roxo
- ramo verde
- tira de papel com o desenho de um cálice e de um pão
- cruz
- tira de papel com o desenho do Círio Pascal
- bambolê
- pequeno tecido branco
- cartaz da Campanha da Fraternidade do ano corrente
- oração da Campanha da Fraternidade para cada catequizando
- tira de papel em branco para cada catequizando
- toalha
- vela
- Bíblia
- temas e lemas das Campanhas da Fraternidade que estão no Anexo para montar o varal

Ambiente:

- mesa com toalha, vela e Bíblia
- mural
- varal para ser montado com os temas e lemas das Campanhas da Fraternidade que estão no Anexo.

1 - ACOLHIDA:

Sejam bem-vindos. Convido vocês a ficarem em círculo e juntos fazermos nossa oração:

Todos:

Nós te bendizemos, Senhor Jesus, porque nos chamastes e nos reuniste aqui, para crescer e amadurecer na fé.

Nós te pedimos que abra:

– nossa mente *(pedir que coloquem as mãos na cabeça)*

– nossos olhos *(pedir que coloquem as mãos nos olhos)*

– nossos ouvidos *(pedir que coloquem as mãos nos ouvidos)*

– e nosso coração *(pedir que coloquem as mãos no coração)*

para que possamos fazer uma verdadeira experiência do amor e da bondade de Deus, nosso Pai.

E que, ao final deste nosso encontro, possamos voltar para nossas casas confiantes e determinados a seguir os teus passos, como fizeram os apóstolos, buscando sempre ser testemunhas da Boa-Nova, anunciadores do teu Evangelho.

Amém.

2 - REFLEXÃO:

(O catequista vai montar as palavras no mural, da seguinte forma, na medida em que for explicando:)

QUARESMA – tecido roxo

QUARTA-FEIRA DE CINZAS

ORAÇÃO, JEJUM, CARIDADE

CAMPANHA DA FRATERNIDADE

DOMINGO DE RAMOS – ramo verde

SEMANA SANTA

TRÍDUO PASCAL

QUINTA-FEIRA SANTA – EUCARISTIA – desenho de um cálice e de um pão

SEXTA-FEIRA SANTA – cruz

SÁBADO SANTO – desenho do Círio Pascal

TEMPO PASCAL – tecido branco

A Quaresma (colocar a palavra QUARESMA e o tecido roxo no mural) é o período de 40 dias que se inicia na Quarta-Feira de Cinzas (colocar a palavra QUARTA-FEIRA DE CINZAS no mural) e vai até o Domingo de Ramos.

A QUARESMA nos convoca para a oração, o jejum e a caridade *(colocar as palavras ORAÇÃO, JEJUM e CARIDADE no mural) em preparação para a Páscoa.*

E é durante este período que se realiza a Campanha da Fraternidade *(colocar a palavra CAMPANHA DA FRATERNIDADE no mural).*

A partir do Domingo de Ramos *(colocar a palavra DOMINGO DE RAMOS e um ramo no mural)* se inicia a Semana Santa *(colocar a palavra SEMANA SANTA no mural).* Nesta semana, a Igreja vive o Tríduo Pascal, uma única celebração em três momentos *(colocar a palavra TRÍDUO PASCAL no mural)* que começa na Quinta-Feira Santa *(colocar a palavra QUINTA-FEIRA SANTA no mural),* quando Jesus instituiu a EUCARISTIA *(colocar a palavra EUCARISTIA e o desenho de um cálice e de um pão no mural),* segue com a Sexta-Feira Santa *(colocar a palavra SEXTA-FEIRA SANTA e a cruz no mural)* e se completa com o Sábado Santo *(colocar a palavra SÁBADO SANTO e o desenho do Círio no mural). (Colocar um bambolê envolvendo o Tríduo Pascal para caracterizar uma só Celebração – Quinta, Sexta e Sábado.)*

O Tríduo Pascal abre o Tempo Pascal *(colocar a palavra TEMPO PASCAL no mural e ao lado o tecido branco).*

O que é a Campanha da Fraternidade?

A **Campanha da Fraternidade** surgiu durante o desenvolvimento do Concílio Vaticano II (1962-1965). É um compromisso pastoral concreto que aborda, a cada ano, um problema determinado e urgente, que precisa do esforço de ações pastorais conjuntas dos católicos de todo o país.

Seu objetivo é despertar a solidariedade dos fiéis e da sociedade em relação a um desafio concreto que envolve a sociedade, buscando caminhos e soluções. A cada ano é escolhido um "tema", que define a realidade concreta a ser transformada, e um "lema", que indica em que direção se busca a transformação. A Campanha da Fraternidade é coordenada pela Conferência Nacional dos Bispos do Brasil (CNBB).

Vamos passar pelo varal da Campanha da Fraternidade e conhecer os temas e os lemas das Campanhas dos anos anteriores. Foram temas que impulsionaram para gestos concretos de transformação da realidade a partir do Evangelho.

(Pedir que todos os catequizandos passem pelo varal e leiam com atenção as informações dos quadros. Completar os quadros dos anos mais recentes.)

A Igreja nos ensina que, ao final da Campanha da Fraternidade, a comunidade é chamada a um gesto de fraternidade por meio da Coleta da Solidariedade, no Domingo de Ramos.

Vamos entender para que é destinada esta coleta:

Catequizandas: Pela nossa doação, a comunidade vai ajudar toda a Igreja a desenvolver obras de promoção humana relativas à questão abordada na Campanha da Fraternidade do ano corrente.

Catequizandos: Na coleta, cada um colabora de acordo com suas possibilidades. A colaboração deve ser generosa, gratuita, solidária e libertadora. É o nosso gesto concreto de solidariedade.

3 - COMPROMISSOS:

(entregar uma tira de papel para cada catequizando)

Agora que você compreendeu melhor o que é a Campanha da Fraternidade, responda na tira de papel que recebeu à pergunta: "como você vai viver a Campanha da Fraternidade deste ano?".

Em seguida, coloque a tira de papel no mural ao lado da palavra CAMPANHA DA FRATERNIDADE, enquanto ouvimos o hino da Campanha. *(colocar o CD com o hino)*

4 - ORAÇÃO FINAL:

(distribuir a oração da Campanha do ano corrente para todos)

Olhemos para o cartaz da Campanha da Fraternidade deste ano.

(Apresentar o cartaz da Campanha da Fraternidade do ano corrente).

Vamos reler juntos o tema e o lema da campanha.

Neste instante vamos finalizar nosso encontro, rezando a oração da Campanha da Fraternidade deste ano, que temos em mãos.

1ª Unidade
Jesus envia o Espírito Santo como força para o discípulo ser testemunha

1º Encontro
Jesus promete o Espírito Santo

Expectativa para o encontro:

- Perceber a presença de Jesus e sua ação a partir de fatos da vida.
- Recordar alguns elementos que Jesus pediu aos discípulos para a missão.
- Experimentar que o Espírito Santo, prometido por Jesus, garante a missão.

Providenciar:

- 1 sandália de E.V.A. com sola em formato de coração (conforme molde no Anexo). Escrever a palavra "ide" na tira e a palavra "misericórdia" na sola
- 1 bacia grande com água e tinta guache vermelha
- papel-bobina para fazer um caminho
- papel-toalha

Ambiente:

- Arrumar as cadeiras em círculo, proporcionando participação efetiva de todos.

Formando e preparando o catequista para o encontro

O Espírito Santo é o primeiro dom que a Igreja recolhe da entrega de Jesus na cruz em sua Páscoa (passagem da morte para a vida). Ele foi prometido por Jesus para a vida da Igreja.

A *Dei Verbum* ("A Palavra de Deus") é um dos muitos documentos escritos no Concílio Vaticano II. No n.19, ao se referir à transmissão do testemunho dos Apóstolos a respeito "do que Jesus dissera e fizera" – e que os evangelistas mais tarde escreveram –, lembra que a mais profunda compreensão "daquilo que Jesus disse e fez" se dá pela contemplação do acontecimento Pascal e pela assistência do Espírito Santo.

Em At 1,2, Lucas, que escreveu o livro de Atos dos Apóstolos, faz um resumo do que ele já tratou em seu primeiro livro (o Evangelho segundo Lucas): Jesus, antes de subir aos céus, dá instruções aos Apóstolos "pelo Espírito Santo". Se lemos o final do Evangelho escrito por Lucas, vamos encontrar que "Jesus abriu a inteligência dos discípulos para entenderem as Escrituras" (Lc 24,45), e logo em seguida Jesus diz "Eu enviarei a vós o que meu Pai prometeu" (Lc 24,49).

Quando o Pai prometeu enviar o Espírito Santo? Em At 1,4-5 encontramos o seguinte: "Não vos afasteis de Jerusalém, mas esperai a realização da promessa do Pai, da qual me ouvistes falar, quando eu disse: 'João batizou com água, vós, porém, dentro de poucos dias sereis batizados com o Espírito Santo'". Se procurarmos nos Evangelhos, vamos encontrar que é João Batista quem diz estas palavras, em vez de Jesus (Mt 3,11 e Mc 1,8).

O Evangelho de João é bem mais claro, quando narra que Jesus por cinco vezes promete o Espírito e lhe atribui vários nomes:

- Em Jo 14,16, o Espírito é chamado de "outro Paráclito", que significa "Defensor". Ao dizer "outro Paráclito", o evangelista indica que o primeiro defensor – Paráclito – é o próprio Jesus, que nos defende no tribunal do Pai, conforme 1Jo 2,1-2.
- Em Jo 14,17, o Espírito é chamado de "Espírito da Verdade, que o mundo não é capaz de receber".
- Em Jo 14,26, o Espírito é chamado de "Defensor, o Espírito Santo que o Pai enviará".
- Em Jo 15,26, o Espírito é chamado de "Defensor que eu vos enviarei da parte do Pai, o Espírito da Verdade, que procede do Pai, Ele dará testemunho de mim".
- Em Jo 16,7, o Espírito é chamado ainda de "Defensor" e "Espírito da Verdade".

Sabemos que o Espírito já estava agindo desde o início da caminhada do povo de Deus, inspirando profetas e outros homens e mulheres de Deus (como podemos ler nos vários textos a seguir: Is 63,10-11; em Ex 31,3, é chamado de "Espírito de Deus, de sabedoria, entendimento e de ciência"; em Nm 11,16-25, Deus reparte o Espírito que está sobre Moisés a setenta anciãos para que o ajudem a dirigir o povo pelo deserto; em Dt 34,9, Josué recebe o Espírito pela imposição das mãos de Moisés; em outros textos, os profetas estão cheios do Espírito de Deus: Mq 3,8; Ez 2,2; Is 61,1; Zc 7,12. Em Is 11,2, o Espírito do Senhor repousará sobre o Rei Messias prometido: "Espírito de Sabedoria e de entendimento, o espírito de conselho e de fortaleza, o espírito de conhecimento e de temor do Senhor; em Is 32,15-18, naquele dia em que reinar o Rei de Justiça, o Espírito será derramado lá do alto: "então o deserto se tornará em campo fértil, e o campo fértil será considerado um bosque. E o juízo habitará no deserto, e a justiça morará no campo fértil. E o efeito da justiça será paz, e a operação da justiça, repouso e segurança para sempre. E o meu povo habitará em morada de paz, e em moradas bem seguras, e em lugares quietos de descanso"; em Sb 1,7, o Espírito do Senhor enche a terra; em Sb 9,17, é dom dado do alto; em Sb 12,1, o Espírito está em todos os que Deus ama).

- O Espírito Santo age em Maria para torná-la Mãe do Verbo Encarnado de Deus (Lc 1,35). Ele desce sobre Jesus no seu Batismo nas águas do Jordão e o impulsiona para a experiência do deserto, onde Jesus vence o tentador (Mc 1,10.12). No início de sua missão, Jesus mesmo se sente cheio do Espírito que o consagra e unge para a missão de evangelizar (Lc 4,17-19).
- No Evangelho de João (Jo 20,22-23), encontramos a narração de que, ao enviar os discípulos, Jesus soprou sobre eles, dizendo: "Recebei o Espírito Santo. Aqueles a quem perdoardes os pecados, lhes serão perdoados, aqueles aos quais retiverdes, lhes serão retidos". Jesus promete ao discípulo missionário o Espírito Santo para a experiência do perdão e da misericórdia. Além disso, na continuidade deste texto, vemos que o Espírito se torna a força para o anúncio da fé no Senhor Jesus, quando Tomé diz: "Meu Senhor e meu Deus". O selo do anúncio da Igreja é o Espírito Santo prometido por Jesus em favor da unidade, do perdão e da misericórdia.

Depois do estudo do texto, procure rezar, meditar e vivenciar a Palavra, preparando-se para o Encontro.

ENCONTRO DE *DIDASKALIA* (ENSINO):

Didaskalia é a instrução dada pelos Apóstolos sobre a vida e missão de Cristo para gerar a fé.

(O catequista recebe com alegria os catequizandos e valoriza a presença de todos.)

No encontro de hoje, faremos a experiência de um dos elementos que compõem a vida da comunidade cristã, que é a *didaskalia*, ou seja, faremos a experiência do discípulo missionário que se reúne na comunidade com um coração decidido a acolher o ensino da Igreja.

É um encontro que tem como ponto de destaque o ensino.

Preparando-nos para a oração, vamos cantar pedindo um coração bem disposto para mergulhar profundamente nas riquezas da fé que aprenderemos hoje.

Canto: "Quero mergulhar nas profundezas"
Quero mergulhar nas profundezas do Espírito de Deus e descobrir suas riquezas em meu coração (2 vezes)

1 - LEITURA ORANTE *(conduzida pelo catequista)*
(Pedir aos catequizandos que sentem.)

Ler o texto: Jo 20,19-29

1) Vamos **relembrar**. Este texto nos diz que:
- Os discípulos estavam reunidos com as portas fechadas por medo, e Jesus colocou-se no meio deles, desejando a paz.
- Depois Jesus soprou sobre eles, dizendo: "Recebei o Espírito Santo. A quem perdoardes os pecados, eles lhes serão perdoados, a quem não perdoardes, eles serão retidos".
- Tomé não estava com eles e não acreditou no que eles contaram, manifestando seu desejo de querer ver Jesus Ressuscitado.
- Oito dias depois, Jesus apareceu no meio deles, desejou a paz e fez Tomé colocar a mão em suas chagas. Então Tomé professou a fé, dizendo "Meu Senhor e meu Deus".

2) Vamos **descobrir** o que Deus está nos dizendo mediante essa Palavra:

Coloque suas mãos sobre suas pernas, abaixe sua cabeça e feche seus olhos.

Coloque-se nesta cena com Jesus e os discípulos:

– Imagine as portas fechadas. Do que os discípulos sentem medo? E quais são os que você tem? Perceba que diante disso Jesus se faz presente, Ele não nos abandona nestes momentos. Ele traz a paz para você. Abra o coração para acolher Jesus e a paz que Ele traz... *(instante)*

– Sinta Jesus soprar sobre os discípulos. Deixe esse sopro alcançar você, invadi-lo – é o Espírito Santo que nos é dado para o perdão dos pecados, para sermos a Igreja da misericórdia. Receba a força para ser sinal de misericórdia no meio do mundo.

– Tomé não estava com a comunidade, por isso não viu Jesus e não acreditou. Reze um instante por quem não está na comunidade, não vê e não acredita em Jesus. Peça a graça para que você anuncie a tantos "Tomés" seu testemunho de Jesus.

– Perceba que o testemunho da comunidade tem a força de trazer aqueles que estão longe. E Jesus poderá alcançar a eles como alcançou Tomé. Quantas pessoas, como Tomé, precisam tocar em Jesus e renovar sua fé nele. Chegue você também perto de Tomé e aproveite para tocar em Jesus, Ele está vivo, ressuscitado! Diga com Tomé: Meu Senhor e meu Deus!!!

– Quem faz essa experiência aprende a perdoar os irmãos e a agir com misericórdia.

3) Abra seus olhos, e neste momento iremos **partilhar** dois a dois, expressando ao amigo o que sentimos vontade de dizer a Deus... *(breve partilha)*

4) Antes de encerrarmos a oração, é hora de se **comprometer**. Coloque a mão em seu coração, feche seus olhos novamente e escolha uma atitude para tornar a sua oração um gesto concreto nesta semana. *(instante)*

(Ao término da Leitura Orante, apresentar a sandália de E.V.A. e explicar:)

Jesus prometeu aos discípulos o Espírito Santo, o Espírito da Verdade, que os fará missionários da misericórdia, do perdão. Ele disse: "A quem perdoardes os pecados, eles lhes serão perdoados".

Além disso, o Espírito Santo é o Espírito da Verdade porque Ele se torna a força para o anúncio de Jesus, que é "o Caminho, a Verdade e a Vida".

Pela força do Espírito Santo, um discípulo deve dar testemunho de fé no Senhor Jesus, como Tomé fez, anunciando: "Meu Senhor e meu Deus" *(mostrar a tira IDE)*.

A marca do anúncio é a misericórdia *(virar a sandália e mostrar a palavra MISERICÓRDIA)*.

2 - FATO DA VIDA (Jesus no meio de nós)

Objetivo: Perceber a presença de Jesus nas situações concretas da vida.

(O catequista motiva para que alguns catequizandos contem um fato de sua vida)

Vocês já pararam para perceber quantas vezes e de que formas Jesus tem agido em nossas vidas? Momentos em que, quando nós estamos com medo e com as portas do nosso coração fechadas, Ele se faz presente e nos livra de perigos, traz uma solução para nossas dificuldades, consolo, graças e milagres.

Gostaria que alguns de vocês contassem uma situação assim de suas vidas ou de suas famílias, na qual seja possível percebermos a presença de Jesus e a ação dele. *(deixar que falem)*

3 - REFLEXÃO

Pudemos perceber que Jesus está vivo e age ainda hoje em nossas vidas, assim como agiu na vida de Tomé.

Vamos examinar o nosso coração para perceber se estamos cumprindo com as coisas que Ele nos pediu, na Palavra que rezamos.

No texto que lemos, Jesus prometeu seu Espírito. Ele nos pede para anunciar sua Palavra com a marca da misericórdia.

(O catequista mostra novamente a sandália)

Quando Jesus soprou o Espírito sobre os discípulos, pediu que eles fossem misericordiosos e perdoassem.

O Espírito gerou em Tomé a coragem de dar um testemunho de fé e ele disse: "Meu Senhor e meu Deus".

Portanto, Jesus está nos pedindo duas coisas:
- que sejamos anunciadores, dando testemunho de que Ele é o nosso Senhor;
- que o nosso testemunho seja marcado pela misericórdia.

Em duplas, tirem os sapatos e conversem sobre a seguinte questão:
- Quais as atitudes que precisam fazer parte do meu caminho de anúncio da misericórdia?

Depois vocês escreverão na sola de cada um de seus pés uma das atitudes que conversaram, como resposta para esta questão.

(enquanto conversam, colocar o papel-bobina no centro e, após escreverem, dizer:)

Andem sobre o caminho e vejam se conseguem deixar as marcas dessas atitudes que escreveram.

(Depois que caminharem, perguntar:)

- Vocês conseguiram deixar marcas? *(deixar que falem)*

(Apresentar aos catequizandos a bacia com água e tinta guache vermelha, colocando-a no início do caminho, e pedir que todos, um de cada vez, passem dentro da bacia e andem novamente pelo caminho.)

Conclusão: Olhem para o caminho depois que vocês passaram desta vez. A tinta é como o Espírito Santo. Só quando mergulhamos no Espírito e nos deixamos conduzir por Ele é que conseguimos deixar as marcas do discípulo missionário no caminho. Essas marcas de misericórdia poderão ser indicações seguras para ajudar outros a seguir no caminho do discipulado a Jesus.

(Oferecer papel-toalha para que limpem os pés e dar-lhes um tempo para que recoloquem os sapatos.)

Vamos ler este ensino (*didaskalia*), que está no Catecismo da Igreja Católica, no número 730:

Catequista: Finalmente chega a hora de Jesus. Jesus entrega seu Espírito nas mãos do Pai, momento em que, por sua Morte e por ser vencedor dela ("ressuscitado dos mortos pela Glória do Pai", Rm 6,4), dá imediatamente o Espírito Santo, "soprando" sobre seus discípulos.

Todos: A partir dessa hora, a missão de Cristo e do Espírito passa a ser a missão da Igreja: "Como o Pai me enviou, também eu vos envio" (Jo 20,21). O Espírito Santo é o primeiro dom que a Igreja recolherá da entrega de Jesus na cruz em sua Páscoa (passagem da morte para a vida). Ele foi prometido por Jesus como força para os discípulos missionários da Igreja.

Este encontro é de *DIDASKALIA*, porque nos ensina sobre a vida e a missão de Jesus mediante a instrução dos apóstolos. O que este encontro lhe ensinou hoje?

4 - ORAÇÃO FINAL:

A partir do que aprendemos neste encontro de *didaskalia* (ensino), vamos olhar para este caminho.

Queremos agradecer e também fazer um pedido a Jesus:

Cada vez que eu iniciar a frase de agradecimento, um de vocês completa, expressando a sua gratidão:

– Senhor, obrigado por nos ter enviado o Espírito Santo para... *(repetir a frase até que todos falem)*

Agora faremos a mesma coisa com a frase de pedido:
– Senhor, dá-nos o teu Espírito Santo para que.... *(repetir a frase até que todos falem)*

Encerraremos nossa oração, cantando:

Canto: "Vem, vem, vem, Espírito Santo"
Vem, vem, vem, Espírito Santo,
Transforma a minha vida, quero renascer.

Para nos despedirmos, deseje a paz de Cristo aos seus irmãos de catequese, dizendo:

"A paz de Cristo esteja com você". *(momento de abraço da paz)*

2º Encontro
Pentecostes: a Igreja dos discípulos de Jesus movidos pelo Espírito Santo

Expectativa para o encontro:

- Perceber que a partir da adesão à Palavra o discípulo missionário se torna testemunha da fé.
- Reconhecer os desafios atuais, iluminando-os com a Palavra, para testemunhar a fé com atitudes concretas.

Providenciar:

- 1 folha de papel A4 colorida para cada catequizando
- 1 palito de churrasco sem ponta para cada catequizando
- tesouras
- percevejos ou alfinetes
- recortes com notícias da semana que sejam convenientes para reflexão dos catequizandos (violência contra jovens, ameaças para a família, vícios, corrupção e algum perigo das redes sociais)
- 1 caixa de sapato encapada
- Recorte tiras com versículos bíblicos do Anexo (correspondentes ao Encontro 2) e coloque-as na caixa.

Ambiente:

- Dispor as cadeiras dos catequizandos diante de uma mesa.

Formando e preparando o catequista para o encontro

Por que o Espírito Santo foi enviado por Jesus sobre os apóstolos se Ele já estava presente na história do povo de Deus?

Jesus enviou o Espírito Santo sobre os apóstolos porque essa ação diz respeito à missão da Igreja. Ela já nasce cheia do Espírito Santo. Vale dizer que não há Igreja sem o Espírito e onde o Espírito do Ressuscitado atua acontece a Igreja.

Vejamos duas narrativas da vinda do Espírito sobre os discípulos:

O Evangelho de João narra que foi no anoitecer do primeiro dia da semana (o Domingo) que Jesus, aparecendo aos discípulos, "*soprou sobre eles e falou: 'Recebei o Espírito Santo...'*" (Jo 20,22).

Foi o primeiro dom da Páscoa à sua Igreja. É assim que João percebe o Espírito na Igreja, porque ela é uma comunidade que contempla de perto e se beneficia dos efeitos salvíficos do mistério pascal – da paixão, morte e ressurreição do Senhor (Jo 19,35.37). A Igreja é uma comunidade que está muito próxima a Jesus que se doou na cruz. A comunidade está representada nas mulheres e no discípulo ao lado da Mãe de Jesus, junto à cruz no momento da morte do Filho (Jo 19,25-26).

O evangelista Lucas, ao narrar a vinda do Espírito Santo sobre os discípulos, apresenta este acontecimento "cinquenta dias" depois da Páscoa, em "Pentecostes" – quando *"os discípulos estavam reunidos no mesmo lugar (...) e todos ficaram cheios do Espírito Santo"* (At 2,1.4a). Para Lucas, o Espírito Santo é dado todas as vezes que alguém se converte e recebe o Batismo (At 2,38), e o Espírito se manifesta sempre quando a Igreja se reúne em oração (At 4,31).

A visão de Lucas é missionária. O Espírito impulsiona a Palavra até os seus destinatários e quando os atinge se dá sempre um novo Pentecostes na vida daquelas pessoas que, agora, se tornam também "Igreja".

Explicando o termo Pentecostes: era uma festa hebraica antiga ligada à "Festa das Sete Semanas" (50 dias), uma festa agrícola de colheita, que festejava a alegria dos frutos (Ex 34,22; Dt 16,9-11; Lv 23,15-21; 2Mc 12,31-32). O Pentecostes cristão também se alegra com o grande fruto da Páscoa, o dom do Espírito para a vida da Igreja.

O Pentecostes antigo festejava o dom da Lei dada por meio de Moisés, e que orientou toda a vida do povo de Deus; o novo Pentecostes celebra o dom da "graça e da verdade", que vem por Jesus Cristo (Jo 1,17). O Pentecostes antigo festejava ainda a renovação da Aliança do Sinai, o Pentecostes novo celebra a "Nova Aliança" em Cristo, agora oferecida a todos, sem excluir ninguém. Por isso é que se percebe o espanto daqueles que ouviram o testemunho dos apóstolos logo após o "efeito Pentecostes", que lemos em At 1,9-12; ou ainda em At 10,44-48, e também a tomada de consciência de Pedro de que Deus não faz distinção entre as pessoas, escolhendo e acolhendo todas no Espírito Santo, mesmo os pagãos.

Depois do estudo do texto, procure rezar, meditar e vivenciar a Palavra, preparando-se para o Encontro.

ENCONTRO DE *MARTYRIA* (TESTEMUNHO):

Martyria é o testemunho de fidelidade a Cristo dado pelos Apóstolos, os discípulos missionários.

1 - ACOLHIMENTO:

Iniciaremos o encontro de hoje construindo um símbolo que nos ajudará a compreender a mensagem sobre Pentecostes e a entender que a Igreja dos discípulos de Jesus é movida pelo Espírito Santo. Vamos montar um cata-vento.

(Distribuir a folha de A4 colorida e o palito de churrasco sem ponta para cada catequizando e disponibilizar percevejos ou alfinetes e tesouras para uso comum.)

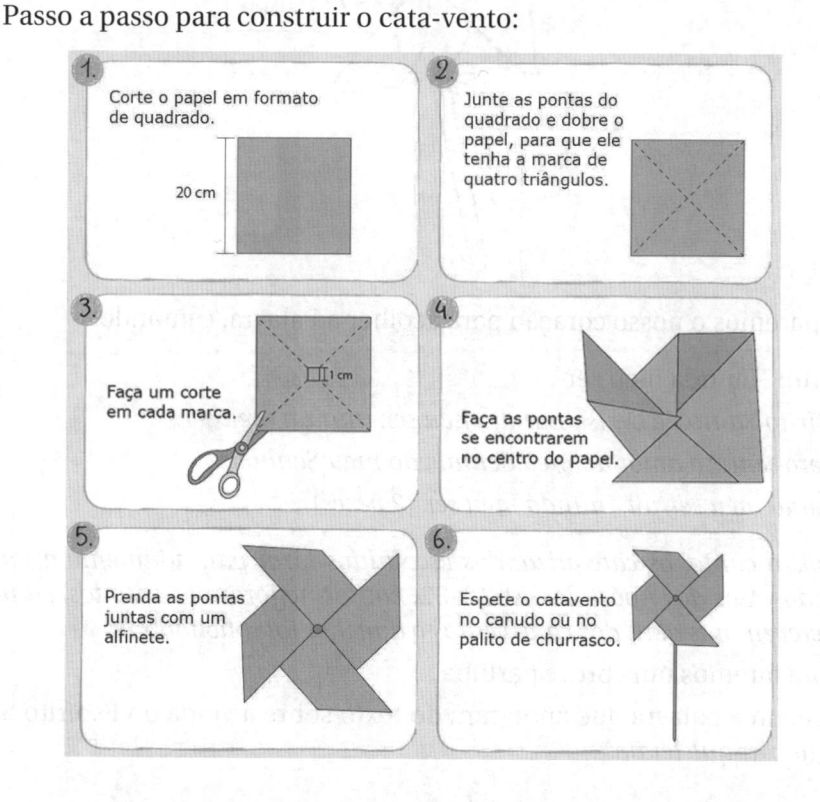

Passo a passo para construir o cata-vento:

1. Corte o papel em formato de quadrado. 20 cm

2. Junte as pontas do quadrado e dobre o papel, para que ele tenha a marca de quatro triângulos.

3. Faça um corte em cada marca. 1 cm

4. Faça as pontas se encontrarem no centro do papel.

5. Prenda as pontas juntas com um alfinete.

6. Espete o cata-vento no canudo ou no palito de churrasco.

2 - ESPIRITUALIDADE:

(Escolher dois catequizandos, explicando-lhes que um deles lerá At 2, do versículo 1 ao 13, e o outro lerá At 2, do versículo 14 ao 32.)

Coloquemos o símbolo confeccionado na mesa e tenhamos conosco uma caneta.

Com atenção ouviremos a leitura da Palavra do livro dos Atos dos Apóstolos.

A primeira parte da leitura explicará a vinda do Espírito Santo.

- Depois de escutarem-na, escrevam na aba do cata-vento uma palavra que mais lhes chamar atenção.

A segunda parte da leitura, feita por outro catequizando, nos apresentará o efeito da vinda do Espírito Santo sobre os apóstolos de Jesus.

- Desta parte será preciso escrever duas palavras na aba do cata-vento que mostrem as atitudes dos apóstolos.

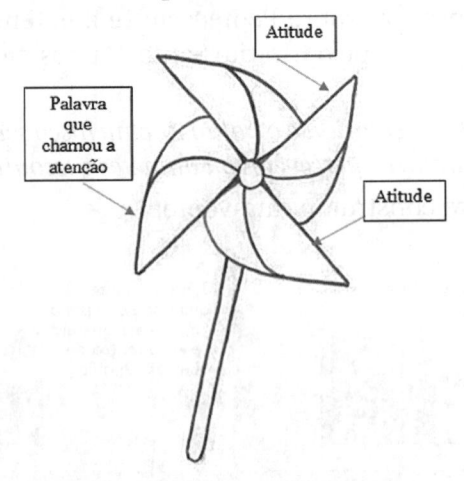

Preparemos o nosso coração para acolher a Palavra, cantando:

Canto: "Inunda meu ser"
Espírito Santo de Deus, inunda meu ser, inunda meu ser.
Quero sentir o amor do meu Senhor, do meu Senhor,
Inunda meu ser, ah, inunda meu ser. (2 vezes)

(Após o canto, os catequizandos escolhidos leem pausadamente a Palavra de Deus dos Atos dos Apóstolos, At 2,1-32, conforme foram orientados, enquanto todos escrevem nas abas dos cata-ventos o que lhes foi solicitado.)

Agora faremos uma breve partilha.

- Leiam a palavra que anotaram do texto sobre a vinda do Espírito Santo.
  (deixar que leiam)

- Comentem as atitudes dos apóstolos que lhes chamaram atenção da segunda parte do texto. *(deixar que leiam)*

(Ao término da partilha, orientar para que formem duplas ou trios.)

3 - VER A REALIDADE:

Cada grupo receberá um recorte com notícias da semana sobre alguns desafios presentes na sociedade.

Leiam e comentem nos grupos.

(O catequista distribui um recorte de notícia conveniente para reflexão dos catequizandos a fim de que cada grupo possa trabalhar. Dar um tempo adequado.)

Agora cada grupo contará para os demais qual foi a notícia sobre a qual refletiram. *(organizar este momento)*

4 - ILUMINAR:

Neste momento, vamos pegar nossa Bíblia e retomar o texto bíblico da oração inicial, lendo juntos a consequência da vinda do Espírito Santo sobre o discípulo, descrita em At 2,32.

O texto nos ensina que o Espírito Santo é um dom que foi dado para a Igreja. E é Ele que faz com que o discípulo seja testemunha de Jesus diante dos desafios que a vida apresenta. O Espírito Santo dá coragem e ousadia para Pedro e também para nós hoje.

Nas palavras que foram anotadas nas abas do cata-vento existem algumas que indicam como podemos ser testemunhas de Jesus, na força do Espírito Santo, diante dos desafios que cada grupo leu nos recortes das notícias? *(deixar que digam)*

(O catequista apresenta uma caixa contendo versículos bíblicos).

Vamos ouvir alguns versículos da Palavra de Deus e escolher para qual situação ele é um conselho, uma luz, uma forma de o discípulo missionário agir, dando seu testemunho cristão.

Essa Palavra ensinará todo o grupo sobre o testemunho que um discípulo missionário precisa ter diante dos desafios.

Somente o grupo que estiver com a situação para a qual o versículo é uma resposta escreverá o texto no cata-vento (na quarta aba, que ainda continua em branco).

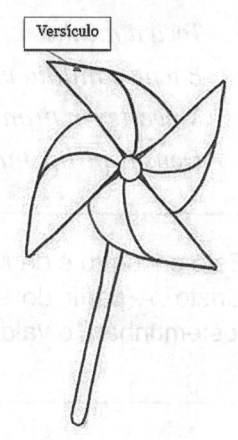

(Retirar uma tira, ler o versículo e motivar para que os catequizandos escolham para qual das situações refletidas esta Palavra se aplica.)

5 - COMPROMISSO – AGIR CRISTÃO

Para finalizarmos o encontro, rezaremos e assumiremos um compromisso, porque pela força do Espírito Santo somos chamados a dar um testemunho cristão diante dos desafios que a vida nos apresenta.

A partir da nossa adesão ao ensino da Palavra, cada um de nós, como discípulo missionário, se torna sinal e testemunho da fé!

Cada grupo, um de cada vez, mencionará a notícia sobre o desafio que refletiu e em seguida lerá o versículo bíblico que se tornou luz para aquela situação.

Ao ouvir o versículo, todos sopraremos nossos cata-ventos.

O sopro indica que o Espírito Santo movimenta o coração e a vida do discípulo missionário para que ele testemunhe, com atitudes concretas, a partir da Palavra, diante dos desafios.

(Após todos os grupos falarem, motivá-los a cantar, finalizando o encontro.)

Canto: "Move-te em mim"
O Espírito de Deus está neste lugar,
O Espírito de Deus se move neste lugar.
Está aqui para consolar,
Está aqui para libertar,
Está aqui para guiar,
O Espírito de Deus está aqui.

Move-te em mim! Move-te em mim!
Toca a minha mente e o meu coração,
Enche a minha vida com o teu amor!
Move-te em mim!
Deus Espírito, move-te em mim!

Este encontro é de *MARTYRIA*, porque nos ajuda a ser testemunhas de Jesus Cristo. A partir do encontro de hoje, por meio de que gesto concreto você testemunhará o valor da presença do Espírito Santo em sua vida?

_____

_____

3º Encontro
O Espírito Santo conduz a Igreja distribuindo seus dons para o serviço

Expectativa para o encontro:

- Perceber que o Espírito Santo conduz a Igreja, distribuindo seus dons para o serviço.
- Compreender o que é liturgia.
- Conhecer e celebrar os dons do Espírito Santo.

Providenciar:

- Bíblia
- 1 tecido vermelho
- 1 recipiente com água
- 7 velas grandes (cada uma com o nome de um dos dons do Espírito Santo: sabedoria, conselho, ciência, inteligência, fortaleza, piedade e temor de Deus)
- 1 recipiente com óleo perfumado

Ambiente:

- Preparar 7 grupos dentro da sala (dividir o número de catequizandos por 7 e dispor cada grupo com esse número de cadeiras).
- No centro da sala, colocar o tecido vermelho e sobre ele a Bíblia, o recipiente com água, as 7 velas grandes apagadas (cada uma com o nome de um dos dons do Espírito Santo) e o recipiente com óleo perfumado.

Formando e preparando o catequista para o encontro

Quando Jesus prometeu enviar o Espírito Santo, no Evangelho de João, uma das principais razões era "*guiar*" os discípulos "*em toda a verdade*" (Jo 16,13).

Que "*verdade*" é essa? A verdade do mistério de Jesus Cristo, a sua verdade para toda pessoa, a única verdade do amor salvador de Deus disponível a todos pela obra que Jesus realizou com sua paixão, morte e ressurreição (Jo 14,6: "*Ninguém vai ao Pai senão por meio de mim*"). Essa obra de amor e salvação nasce no coração do Pai, se realiza pela ação do Filho e se estende a todos os discípulos mediante o Espírito Santo, ou seja, a Trindade Santa se ocupa da salvação das pessoas.

O Espírito Santo atua fazendo acontecer dentro da Igreja e do cristão a salvação querida pelo Pai e que tem um nome: "Jesus Cristo" (1Jo 4,15; Rm 10,9). Ser "*conduzido*" pelo Espírito requer da Igreja e de seus membros compromisso com a mesma obra da Trindade em favor de todos. A Igreja dos discípulos de Jesus é enviada a serviço do mundo e das pessoas, com a mesma missão de Jesus: "*e deu-lhes autoridade sobre os espíritos impuros*" (Mc 6,7), pois a missão de Jesus era a de libertar toda pessoa e o mundo do poder do pecado e do mal, reconduzindo-os a Deus (1Tm 2,4).

A missão da Igreja é sempre atual, como disse o Papa São João Paulo II logo no início de sua Carta Encíclica "*Redemptoris Missio*" ("*A Missão do Redentor*"): "*Ao final do segundo milênio da vinda de Cristo redentor, uma visão conjunta à humanidade demonstra que tal missão está ainda no início e que devemos nos empenhar com todas as forças a seu serviço*". E acrescenta uma recordação encorajadora a esta observação que parecia meio pessimista: "*É o Espírito que lança a anunciar as grandes obras de Deus*" (*Redemptoris Missio*, n. 1). E diz ainda: "*A salvação, que é sempre dom do Espírito, exige a colaboração do homem para salvar a si mesmo e aos outros*". (*Redemptoris Missio*, n. 9).

Para este serviço à humanidade, em nome do Senhor Jesus e que também é dom do Espírito, a Igreja pode contar com os dons do Espírito Santo "infusos" sobre ela no dia de Pentecostes, estendidos a cada pessoa batizada e, de modo todo especial, no dia de sua "*Confirmação*"!

Lendo Pr 4,5; 5,1 e Dn 1,17, encontraremos os dons do Espírito Santo. Is 11,2 fala sobre o Messias ("Cristo" em grego) que trará justiça e paz; sobre ele repousa o Espírito do Senhor ("Espírito de sabedoria e de entendimento, o espírito de conselho e de fortaleza, o espírito de conhecimento e de temor do SENHOR"); nos dias desse "rei de justiça" (Is 32,1) "haverá estabilidade nos teus tempos, abundância de salvação, sabedoria e conhecimento; e o temor do SENHOR será o seu tesouro" (Is 33,6).

Os dons do Espírito Santo no Novo Testamento são apresentados da seguinte forma:

- **Sabedoria:** Lc 2,40.52; 21,15; At 6,3.10; Ef 1,8.17; Tg 3,17. Pela sabedoria contemplamos o próprio mistério das coisas de Deus (Sb 7,24-27).

- **Entendimento ou inteligência:** Rm 7,25;12,2; 1Cor 10,5; Ef 1,18; 2Tm 2,7; Hb 8,10; 1Jo 5,20.

- Inteligência é a resposta generosa à sabedoria proposta por Deus para conhecer a sua verdade. Com este dom o cristão "escuta" e se abre para que o Espírito lhe faça compreender e aderir às verdades de Deus e do Evangelho (Jo 16,13: "Mas aquele Consolador, o Espírito Santo, que o Pai enviará em meu nome, esse vos ensinará todas as coisas e vos fará lembrar de tudo quanto vos tenho dito...").

- **Conselho:** Hb 6,17; Lc 23,51; At 2,23; 4,28; 5,38;13,36

- Os textos acima geralmente são traduzidos por "vontade" ou "querer", mas se referem a uma deliberação, um querer profundo de Deus em vista da salvação. É este desejo/deliberação que o Espírito inspira no cristão, uma comunhão com a própria vontade do Pai. Por exemplo, Jesus, antes da Paixão, sofre e reza ao Pai: "Se queres, afasta de mim este cálice". "Deus, no seu querer...", a palavra original seria "no seu conselho e providência...". Esse dom está ligado às escolhas que fazemos, quando procuramos saber o que Deus quer de nós, das nossas atitudes, e da nossa vida. Pode muito bem ser ligado ao dom da vocação como caminho de vida.

- **Fortaleza:** As escolhas que fazemos em nome de Deus nem sempre são fáceis de serem cumpridas (Eclo 2,1), mas, se confiamos que é o Espírito que nos guia (Jo 16,13) e age em nós (Mt 10,16-33), podemos ser fiéis e perseverantes, sem vacilar diante do desânimo e das tentações ao abandono.

- **Ciência:** A "ciência" sempre acompanha a sabedoria e o entendimento e significa aptidão para o trabalho (Ex 31,3; 35,31; 1Rs 7,14; At 7,22), mas também algo que pertence somente a Deus (Nm 24,16; Jó 21,22; Sl 139,6), e que Ele pode conceder (Jr 3,15; Dn 1,4; 1Cor 12,8) se o homem pedir com fé (Sl 119,66). A ciência é negada ao povo por culpa dos que se julgam entendidos: (Lc 11,52; Rm 2,20; 1 Cor 8,11; 1Tm 6,20). Ter "ciência" é colocar-se do ponto de vista de Deus diante da realidade, ver a coisas como Deus as vê. Trata-se de uma sensibilidade da própria presença de Deus no mundo e na vida. Sem amor, a ciência é falsa (1Cor 13,2; Fl 1,9), e o próprio amor a substituirá (1Cor 13,8), porque "Deus é amor" (1Jo 4,8b).

- **Conhecimento/Piedade:** Este dom nos faz reconhecer que estamos dentro da vontade salvífica de Deus. Ele não nos abandona, nem mesmo quando por própria culpa nos afastamos e perdemos o rumo. É ter consciência de sermos amados, reconciliados, vivendo pelo Espírito Santo, na intimidade do próprio Deus (Gl 4,6).

- **Temor de Deus:** Mt 23,23-24; Jo 5,30: A Piedade gera no cristão uma sensibilidade até afetiva, mas não se torna nunca mero sentimento ou subjetividade, quando seguida do dom do Temor de Deus. Este não significa alguma espécie de pavor, medo diante da grandeza de Deus. Mas é o respeito que nasce do sentir-se amado; é o reconhecimento da grandiosidade de Deus que ama, somado à confiança na sua soberania (Mt 28,18-20) e justiça eterna (Mt 24,13.30-31).

Há outros dons que o Espírito inspira no cristão, dons extraordinários que chamamos carismas, mas eles só têm sentido se colocados a serviço da comunidade e do próximo (1Cor 14,26). São Paulo fala deles, mas os submete sempre ao grande dom que é o Amor (1Cor 12,28 – 13,13).

Depois do estudo do texto, procure rezar, meditar e vivenciar a Palavra, preparando-se para o Encontro.

ENCONTRO DE *LITURGIA* (CELEBRAÇÃO)

Liturgia é celebração memorial da entrega de Cristo, para a glória do Pai, que santifica o discípulo missionário.

1 - CELEBRANDO A VIDA NA PRESENÇA DE DEUS

(Preparar o ambiente previamente, distribuindo 7 grupos na sala. No centro da sala colocar 1 tecido vermelho e sobre ele a Bíblia aberta, 1 recipiente com água, 7 velas grandes apagadas e um recipiente com óleo perfumado. Receber os catequizandos com alegria e convidá-los a se reunir em volta do tecido com os símbolos, permanecendo em pé.)

O discípulo missionário é aquele que se deixa ensinar pela Palavra de Deus e a ela faz uma adesão. Olhemos para a Bíblia e, com a mão no coração, peçamos em silêncio que tenhamos amor pelo que Deus nos diz *(instante)*.

A Palavra de Deus tem a força de formar, instruir e também reunir as pessoas em Comunidade para que celebrem e honrem o Senhor.

Vamos nos dar as mãos, pedindo que a Palavra de Deus nos mantenha firmes na Comunidade *(instante)*.

Nossa reunião de hoje será um encontro com característica de liturgia, ou seja, para celebrar a Deus. A liturgia nos mantém na fé e também a consolida.

Vamos repetir juntos:

Todos: A liturgia nos santifica e desta forma nós louvamos a Deus.

Contemplemos os símbolos que estão no tecido e deixemos que Deus nos fale no silêncio... *(instante)*

Ouçamos a Palavra contida no livro de Gênesis 1,1-2: "No princípio, Deus criou o céu e a terra. A terra estava deserta e vazia, e havia trevas na superfície do abismo; o vento, o sopro, o Espírito de Deus pairava sobre a superfície das águas...".

Enquanto cantamos, um de cada vez irá até o recipiente com água, molhará a mão direita e fará o sinal da cruz.

Canto: "Envia teu Espírito"
Envia teu Espírito Senhor e renova a face da terra
(repetir quantas vezes for necessário até que todos façam o gesto)

2 - APROFUNDANDO A FÉ

Vamos aprofundar nossa fé por meio do tema do encontro de hoje: O Espírito Santo conduz a Igreja, distribuindo seus dons para o serviço.

Formaremos 7 grupos e seguiremos as instruções do manual para o trabalho no grupo.

(Indicar quem serão os catequizandos para cada grupo e entregar uma vela apagada com o nome de um dos dons do Espírito Santo para cada grupo.)

Instruções para o trabalho no grupo:

1) Ler o texto bíblico de **Is 11,2-3** para conhecer quantos e quais são os dons do Espírito.

2) Ler o quadro corresponde ao dom simbolizado na vela que o grupo recebeu:

DOM DA SABEDORIA	**DOM DA INTELIGÊNCIA**
Pela sabedoria contemplamos o próprio mistério das coisas de Deus. A Sabedoria nos leva ao verdadeiro conhecimento de Deus e à busca dos valores da vida.	Inteligência (ou entendimento) é a resposta generosa à sabedoria proposta por Deus para conhecer a sua verdade. Com este dom o cristão "escuta" e se abre para que o Espírito lhe faça compreender as verdades de Deus e do Evangelho e aderir a elas.

DOM DO CONSELHO

Este dom está ligado às escolhas que fazemos, quando procuramos saber o que Deus quer de nós, das nossas atitudes e da nossa vida. Pode muito bem ser ligado ao dom da vocação como caminho de vida.

DOM DO TEMOR DE DEUS

Este dom não é alguma espécie de pavor, medo diante da grandeza de Deus. Mas é o respeito que nasce do sentir-se amado; é o reconhecimento da grandiosidade de Deus que ama, somado à confiança na sua soberania e justiça eterna.

DOM DA CIÊNCIA

A "ciência" sempre acompanha o dom da sabedoria e o dom da inteligência e significa aptidão para o trabalho, mas também significa algo que pertence a Deus, e que Ele pode conceder ao homem, se o pedirmos com fé. Ter "ciência" é colocar-se do ponto de vista de Deus diante da realidade, ver a coisas como Deus as vê. Trata-se de uma sensibilidade da própria presença de Deus no mundo e na vida.

DOM DA PIEDADE

Este dom nos faz reconhecer que estamos dentro da vontade salvífica de Deus. Ele não nos abandona, nem mesmo quando por própria culpa nos afastamos e perdemos o rumo. É ter consciência de que somos amados, reconciliados, vivendo pelo Espírito Santo, na intimidade do próprio Deus.

DOM DA FORTALEZA

As escolhas que fazemos em nome de Deus nem sempre são fáceis de serem cumpridas, mas se confiamos que é o Espírito que nos guia e age em nós podemos ser fiéis e perseverantes, sem vacilar diante do desânimo e das tentações ao abandono.

3) Após realizar os passos acima, o grupo deve escolher um gesto que traduza o que significa o dom que receberam, escrito na vela. Pode ser em forma de canto, jogral, poema, desenho ou outra maneira.

Atenção: É importante ser bastante criativo, dedicando-se para que seja bonita a liturgia que acontecerá no momento que cada grupo apresentar o seu dom, pois será uma forma de louvarmos a Deus!

3 - CELEBRANDO A FÉ
(Após o tempo necessário, reunir novamente os catequizandos em torno do tecido e orientá-los para que seja o momento de uma liturgia orante.)

Neste momento vamos realizar nossa liturgia, ou seja, será um momento de celebração e nele queremos honrar a Deus. Este momento de nossa liturgia exigirá nossa atenção e nosso respeito.

Vamos cantar para silenciar o coração e assim, enquanto cada grupo estiver apresentando um dos 7 dons, procuremos rezar juntos, louvando a Deus nesta nossa liturgia.

Canto: Vem, Espírito Santo, vem

Vem, Espírito Santo, vem, vem iluminar. (2 vezes)

(Cada grupo apresenta o dom que recebeu e faz o gesto para explicar ao grupo o que ele significa. Ao final de cada apresentação, acender a vela de cada grupo e colocá-la com cuidado sobre o tecido. Orientar para que os grupos cantem, um de cada vez, enquanto suas velas vão se acendendo, a estrofe do canto correspondente ao dom apresentado.)

Canto: "Senhor, vem dar-nos"

1. Senhor, vem dar-nos sabedoria/ Que faz ter tudo como Deus quis/ E assim faremos da Eucaristia/ O grande meio de ser feliz.

Dá-nos, Senhor, esses dons, essa luz/ E nós veremos que pão é Jesus! (2 vezes)

2. Dá-nos, Senhor, o entendimento/ Que tudo ajuda a compreender/ Para nós vermos como é alimento/ O pão e o vinho que Deus quer ser.

3. Senhor, vem dar-nos divina ciência/ Que, como o eterno, faz ver sem véus/ Tu vês por fora, Deus vê a essência/ Pensas que é pão, mas é nosso Deus.

4. Dá-nos, Senhor, o teu conselho/ Que nos faz sábios para guiar/ Homem, mulher, jovem e velho/ Nós guiaremos ao Santo Altar.

5. Senhor, vem dar-nos a fortaleza/ A santa força do coração/ Só quem vencer vai sentar-se à mesa/ Para quem luta, Deus quer o pão.

6. Dá-nos, Senhor, filial piedade/ A doce forma de amar enfim/ Para que amemos quem, na verdade/ Aqui amou-nos até o fim.

7. Dá-nos, enfim, temor sublime/ De não amá-los como convém/ O Cristo-Hóstia, que nos redime/ O Pai celeste, que nos quer bem.

Este encontro é de *LITURGIA*, porque nos ajuda a celebrar a fé, reconhecendo o poder de Deus e dando glórias ao Senhor. Ele transforma e santifica nossa vida.

Como a experiência de hoje me levou a celebrar, reconhecendo a glória de Deus nos dons do Espírito Santo para o serviço?

4 - ENVIADOS PARA VIVER A FÉ NA FORÇA DO ESPÍRITO SANTO

(O catequista lê Lc 4,16-19)

Todos nós recebemos no batismo a força do Espírito Santo. Na Crisma queremos viver no dom do Espírito para cumprirmos nossa missão de sermos discípulos missionários.

Quais dos sete dons do Espírito você acha que mais precisa hoje para viver em comunidade e para ser testemunha de Jesus no mundo? *(silêncio)*

Enquanto cantamos, ungirei cada um com óleo para que vivamos na força do Espírito Santo o compromisso que desejamos viver.

Canto: "É uma nova unção"

É uma nova unção (2 vezes)
Do Espírito do teu coração,
É uma nova unção (2 vezes)

Te ungiu, te consagrou, te batizou,
Se orares o Espírito de Deus,
Em ti virá,
Se orares no calor do Senhor,
Te envolverá.

(Encerrar o encontro ungindo a fronte de cada catequizando com o óleo e abraçando-os para que tenham uma boa semana.)

4º Encontro
Na Igreja, o Espírito Santo faz a vida do discípulo frutificar

Expectativa para o encontro:

- Compreender o que são os serviços realizados pelas pastorais da Igreja.
- Perceber que o Espírito Santo faz a vida do discípulo frutificar na Igreja para servir aos irmãos.

Providenciar:

- Bíblia
- 1 vela
- rádio
- CD com música instrumental apropriada para Leitura Orante

Ambiente:

- Preparar um local para a entronização da Palavra.

Formando e preparando o catequista para o encontro

São Paulo, na carta aos Gálatas, fala dos frutos do Espírito Santo: "O fruto do Espírito é caridade, alegria, paz, paciência, bondade, benignidade, fidelidade, mansidão, temperança. Contra estas coisas não há lei. Pois os que são de Jesus Cristo crucificaram a carne, com as paixões e concupiscências. Se vivemos pelo Espírito, andemos também de acordo com o Espírito". (Gl 5,22-25)

O Catecismo da Igreja nos ensina que esses "frutos do Espírito são perfeições que o Espírito Santo forma em nós como primícias da glória eterna" (n. 1832).

Vamos entender melhor cada um desses frutos:

- Caridade (Amor) – Jo 7,38

Pela caridade, o Espírito Santo nos faz semelhantes a Deus, que é amor. Ele é o Amor do Pai para com o Filho, e do Filho para com Pai. Quando uma alma é cheia do fruto divino da caridade, o amor a transforma por completo. Assim acontece com os santos. A caridade nos leva a amar o bem e a detestar o mal. "Amarás a teu próximo como a ti mesmo." (Mt 22,39)

- Alegria (Jo 20,20; Sl 4,8)

A alegria é estar sempre junto de Deus, que vence toda tristeza. A alegria é um fruto do amor, pois quem ama se alegra por estar unido ao amado. "Alegrai-vos sempre no Senhor, repito, alegrai-vos." (Fl 4,4)

- Paz (Mt 5,9)

A paz é o fruto de quem vive abandonado e obediente a Deus. Mesmo nas tribulações, o cristão tem paz. Jesus é o Príncipe da Paz e nos deixou a sua Paz. "Dou-vos a minha Paz, a minha Paz vos dou." (Jo 14,27)

- Longanimidade ou Paciência (Lc 13,7-9)

A paciência nos leva ao céu, pois vence as tribulações, as dificuldades, as tentações e tudo que nos afasta de Deus. É virtude dos fortes, dos santos. Segundo Santa Catarina de Sena, doutora da Igreja, a paciência é a "rainha posta na torre da fortaleza, que vence sempre e nunca é vencida". Não se trata de uma espera passiva, mas de uma coragem que torna forte a nossa alma.

- Bondade (Lc 14,13-14)

A bondade é a virtude que nos faz agir bem com todos, sem inveja e sem discriminação. Ela nos leva a fazer o bem a todos. "Fazer o bem sem olhar a quem." E, como fazer o bem, faz bem, ela nos faz feliz. A bondade nos leva a vencer também a preguiça, pois desperta em nós a compaixão pelos que precisam de nós.

- Benevolência (benignidade) (Lc 15,11-32; Ef 4,32)

A bondade nos faz querer o bem e a benignidade ou nos leva a realizá-la.

- Fé ou Fidelidade (Rt 1,16-17)

O fruto da fidelidade nos ajuda a manter a palavra dada, cumprir as obrigações assumidas, os contratos assinados, os votos feitos etc.

- Mansidão (Mt 5,5)

A mansidão nos leva a dominar a raiva, a ira, o mal, o desejo de vingança; e suportar com serenidade os males recebidos dos outros, sempre com o desejo de perdoar como Jesus mandou. Não é fácil perdoar; é preciso a ação do Espírito Santo em nós. Nunca pagar o mal com o mal, mas com o bem. Amar os inimigos e abençoar os que nos amaldiçoam.

- Temperança ou domínio de si (Rm 12,2)

A temperança ou modéstia é o fruto que nos leva a ser moderados e prudentes em tudo o que dizemos e fazemos. Faz-nos vigiar os nossos olhos, boca, risos, movimentos e vencer as paixões desordenadas, tendo autodomínio.

Depois do estudo do texto, procure rezar, meditar e vivenciar a Palavra, preparando-se para o Encontro.

ENCONTRO DE *DIAKONIA* (SERVIÇO)

Diakonia é o serviço do discípulo missionário para transformar uma realidade mediante os valores do Evangelho.

1 - ESPIRITUALIDADE

a) Entronização da Palavra

(Orientar dois catequizandos para que um entre com a vela e outro, com a Bíblia, que deverá ser colocada no local preparado previamente.)

O Sl 119 nos diz: "Tua Palavra, Senhor, é lâmpada para meus pés e luz para meu caminho". A Palavra de Deus ilumina nossa vida, dá clareza, discernimento, retira-nos da escuridão, das dúvidas e incertezas.

Vamos acolher a Palavra de Deus pedindo que ela sustente nossa fé e faça resplandecer em nós os dons que recebemos. Cantemos:

(Neste momento entra um catequizando com uma vela acesa e logo atrás outro, com a Palavra. Ao chegar à frente, os catequizandos colocarão a vela e a Bíblia no local preparado.)

Canto: "É como a chuva que lava" (Pe. Zezinho)

É como a chuva que lava, é como o fogo que arrasa; tua Palavra é assim, não passa por mim sem deixar um sinal.

1. *Tenho medo de não responder, de fingir que eu não escutei. Tenho medo de ouvir o teu chamado, virar do outro lado e fingir que não sei.*
2. *Tenho medo de não perceber, de não ver teu amor passar. Tenho medo de estar distraído, magoado e ferido e então me fechar.*
3. *Tenho medo de estar a gritar, de negar o meu coração. Tenho medo do Cristo que passa, oferece uma graça e eu lhe digo que não.*

b) Leitura Orante *(conduzida pelo catequista)*

(Colocar uma música instrumental de fundo e ler pausadamente.)

Olhe para a Palavra de Deus. Ela é força, sustento e apoio para nossa vida. Coloque nela todos os seus desafios, seus medos, deposite nela seu cansaço. Coloque na Palavra de Deus as realidades de sua família, seus estudos, suas amizades, seus projetos e sonhos. Procure deixar que a Palavra seja seu apoio, seu descanso, segurança, esperança, confiança, refúgio e paz.

Leitura de Jo 10,11.14.27:

"Eu sou o bom pastor. O bom Pastor dá a sua vida pelas suas ovelhas. Eu conheço minhas ovelhas e elas me conhecem. Eu as chamo pelo nome e elas reconhecem a minha voz e me seguem".

1) Olhando para a luz na vela, reconheçamos que o Bom Pastor consumiu, gastou toda a sua vida por nós, como esta vela que se consome. Jesus entregou sua vida na cruz, comunicando-a a nós pelo dom do Batismo. A luz de Deus brilha em nós.

2) O Bom Pastor nos chama pelo nome. Escute a voz de Deus que o chama, sinta-se escolhido, conduzido, orientado pela voz de Deus, que pronuncia seu nome. Reconheça a voz do Senhor e responda ao Deus que te chama.

3) "As minhas ovelhas me conhecem e me seguem": a luz permite o conhecimento, o encontro, a descoberta. Mergulhe no conhecimento e na intimidade com o Senhor, deixe-se conhecer por Ele.

A luz também nos permite trilhar o caminho. Queremos segui-lo. As ovelhas o conhecem e o seguem. Faça seu propósito, sua prece de andar nos caminhos do Senhor como seu discípulo missionário.

Finalizemos este momento, cantando:

Canto: "Nesta prece" (*Agnus Dei*)
Nesta prece, Senhor, venho te oferecer, o crepitar da chama, a certeza de dar.
Eu te ofereço as mãos que estão abertas, o cansaço do passo mantido, meu grito mais forte, de louvor!

2 - REFLEXÃO

Hoje vamos refletir sobre o que é pastoral. Vocês já ouviram falar sobre pastoral na comunidade? *(deixar que falem)*

Então vamos compreender melhor:

- Pastoral vem da palavra pastor. Quando falamos em pastor, lembramo-nos de rebanho, campo, cuidados com a realidade do rebanho.
- Podemos dizer que pastoral é uma ação que prolonga no mundo a ação de "Cristo Bom Pastor".
- Pastoral é uma ação de serviço da Igreja oferecida como resposta a situações onde a vida se encontra ferida, ameaçada, ou necessitando de um cuidado a partir dos valores do Evangelho.

- É uma ação evangelizadora que se realiza na comunidade a partir de mútua cooperação entre fiéis e pastores a serviço da promoção da vida.

3 - RECONHECENDO AS PASTORAIS

Vamos preencher uma ficha para ver o que conhecemos das pastorais de nossa comunidade: *(tempo para preencherem)*

Nome da Pastoral	O que eu conheço sobre essa pastoral e o que ela realiza?

Neste momento vamos partilhar o que preenchemos nas nossas fichas e à medida que cada um for falando, escrevam na árvore os nomes das pastorais que foram mencionadas.

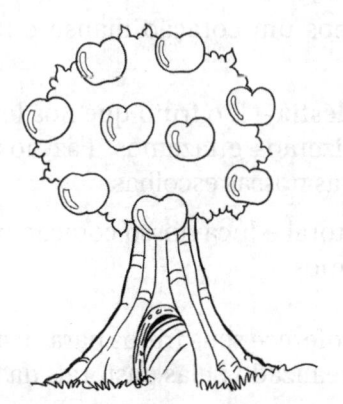

4 - OS FRUTOS DO ESPÍRITO SANTO SUSTENTAM NOSSA VIDA NO SERVIÇO PASTORAL:

Vamos conhecer os frutos do Espírito Santo a fim de compreender que eles são nosso sustento para servirmos a comunidade pelas pastorais:

Caridade – Pela caridade, o Espírito Santo nos faz semelhantes a Deus, que é amor. Ele é o Amor do Pai para com o Filho, e do Filho para com Pai.

Todos: No serviço de uma Pastoral, é preciso agir com caridade, fruto do Espírito Santo.

Alegria – A alegria é um fruto do amor, pois quem ama se alegra por estar unido ao amado.

Todos: Unidos ao Bom Pastor, precisamos expressar da sua alegria no serviço pastoral.

Paz – A perfeição da alegria é a paz. Jesus é o Príncipe da Paz e nos deixou a sua Paz.

Todos: Por meio da Pastoral promovemos a paz e também a encontramos.

Paciência – É virtude dos fortes, dos santos. Não se trata de uma espera passiva, mas de uma coragem que torna forte a nossa alma. Santa Mônica rezou com paciência por muitos anos, até ver a conversão do seu filho Agostinho.

Todos: O fruto da paciência cresce no coração daquele que dispõe sua vida no serviço pastoral.

Bondade – É a virtude que nos faz agir bem com todos, sem inveja e sem discriminação. Ela nos leva a fazer o bem a todos. "Fazer o bem sem olhar a quem."

Todos: É possível enxergar a bondade pela ação realizada e também naquele que realiza o serviço pastoral.

Mansidão – Leva-nos a dominar a raiva, a ira e o desejo de vingança; e a suportar com serenidade os males recebidos dos outros, sempre com o desejo de perdoar como Jesus. Não é fácil perdoar; é preciso a ação do Espírito Santo em nós.

Todos: Senhor, dai-nos um coração manso e humilde para o serviço na pastoral.

Temperança ou modéstia – É o fruto que nos leva a ser moderados e prudentes em tudo o que dizemos e fazemos. Faz-nos vigilantes em relação ao nosso olhar, nosso falar e às nossas escolhas.

Todos: O serviço pastoral educa nosso coração para a temperança, dando-nos domínio de nós mesmos.

O Espírito Santo nos oferece seus frutos para sustentar a nossa vida, impulsionando-nos ao serviço realizado pelas pastorais da Igreja.

Olhe para a cesta, ela representa a Igreja. Os frutos que o Espírito Santo dá à Igreja nutrem o discípulo missionário, que deve também oferecê-los como serviço pastoral para alimentar a vida do povo.

Este encontro é de *DIAKONIA*, porque nos compromete em colocar a vida a serviço, nas pastorais ou nos movimentos da Igreja, para transformar as realidades por meio do Evangelho.

Como esse encontro impulsiona você a colocar sua vida a serviço por meio de uma das pastorais?

_____

_____

5 - MISSÃO:

A partir da reflexão sobre os frutos do Espírito Santo que sustentam o discípulo missionário no serviço pastoral da Igreja, vamos realizar o seguinte compromisso:

1) Cada um vai escolher uma pastoral na qual possa colaborar, colocando um fruto da sua vida.

2) Em duplas, deverão conhecer as duas pastorais escolhidas e preencher a ficha a respeito delas.

Essa ficha deve ser preenchida até o 9º encontro, no qual acontecerá a partilha das informações coletadas.

Nome da pastoral:
Pesquisar: O que a Igreja ensina sobre essa pastoral?
Pesquisar: Qual o serviço realizado por essa pastoral?

73

5º Encontro
Espírito Santo: força para uma Igreja em missão

Expectativa para o encontro:

- Compreender que o Espírito Santo é a força para uma Igreja em saída.
- Experimentar a alegria da vida fraterna.

Providenciar:

- 4 caixas com materiais diversos, uma em cada canto da sala, para que os catequizandos preparem as encenações bíblicas
- 4 tiras de papel, cada uma contendo um dos textos bíblicos abaixo:
- Grupo 1: At 4,7-31 (Pedro)
- Grupo 2: At 7,8-15 e At 7,55-60 (Estêvão)
- Grupo 3: At 8,26-40 (Filipe e o eunuco)
- Grupo 4: At 13,1-5 (Paulo e Barnabé)

  Obs.: Colocar uma tira com texto bíblico dentro de cada caixa.
- Lanche para a confraternização

Ambiente:

- Preparar as caixas de material para os grupos, colocando cada uma em um dos quatro cantos da sala.

Formando e preparando o catequista para o encontro

Jesus havia prometido enviar o Espírito Santo para ser a força do testemunho dos membros da Igreja: "Quando vier o Paráclito, que vos enviarei da parte do Pai, o Espírito da Verdade, que procede do Pai, Ele dará testemunho de mim". (Jo 15,26)

"Eu vos mandarei o Prometido de meu Pai, entretanto, permanecei na cidade (Jerusalém) até que sejais revestidos da força do alto." (Lc 24,49)

Jesus sabia que sem esta "força do alto" (o Espírito Santo) os discípulos jamais seriam capazes de ser "discípulos missionários" e implantar o Reino de Deus neste mundo por meio da Igreja. As perseguições seriam muitas em todos os tempos, desde o primeiro século até hoje. Só na força do Espírito Santo seria possível aos discípulos serem testemunhas; por isso Jesus, na sua Ascensão, proibiu que os apóstolos se afastassem do Cenáculo antes de serem revestidos do Espírito Santo.

Ser testemunha diz respeito aos apóstolos, à base da nossa fé. A nossa fé é testemunhal. Às vezes achamos que a nossa fé se enraíza diretamente e somente nos Evangelhos, enquanto livros escritos, ou seja, na Bíblia, a Sagrada Escritura. Algumas pessoas pensam assim: somente o que está na Escritura é a verdade, o que não está nela não é verdade.

Mas por um longo período na Igreja, os Evangelhos ainda não tinham sido escritos (cerca de 70 anos). Nesse tempo será que a fé era menos consistente? Não, as comunidades viviam sua fé pautadas pelo testemunho dos apóstolos, ainda que este testemunho a respeito de Jesus não tivesse sido escrito.

A base da nossa fé é o conjunto do testemunho dos apóstolos, que apresenta as palavras, gestos e ações de Jesus, ou seja, a vida Dele. A Boa notícia do Evangelho de Jesus, no início, existia como testemunho oral e vivencial. Depois tudo foi anotado para garantir fidelidade e autenticidade à mensagem de Jesus. Então vieram os Evangelhos escritos a partir da palavra vivida e testemunhada, que já pertencia à comunidade, mesmo antes de ser escrita.

Somos católicos apostólicos. Apostólico quer dizer que enraizamos a nossa fé no conjunto das verdades transmitidas pelo testemunho dos apóstolos sobre a base principal – a paixão, morte e ressurreição de Jesus. Se Jesus não tivesse ressuscitado, vazia seria nossa fé! Mas, como Jesus ressuscitou: felicidade e alegria! A alegria é uma obrigação, como diz Paulo: "Alegrai-vos sempre no Senhor. Repito – alegrai-vos" (Fl 4,4).

Então quem é testemunha? Os apóstolos. Mas eles testemunharam alguma coisa em força deles mesmos? Não, pois se fosse assim seriam apenas testemunhas históricas. Ex.: Alguém que viu um fato é apenas documento histórico, um testemunho histórico. Ser testemunha de Jesus é algo maior, é algo que vem pela força do Espírito Santo.

Será que os discípulos entenderam tudo a respeito da ressurreição e do que estava acontecendo, logo no primeiro momento? Eles se tornaram apóstolos do Cordeiro, porque, depois da ressurreição, viram Jesus e logo entenderam tudo? Não, eles entenderam tudo isso pela força do Espírito Santo e não pelas próprias capacidades!

O Espírito revela a eles o grande mistério da Ressurreição! Mas é um mistério que não é só o acontecimento da Ressurreição, mas o mistério daquele que ressuscita, que tem vida em si mesmo, Jesus Cristo.

> O fato de o discípulo missionário ser testemunha é um mergulhar no testemunho dos apóstolos, imbuir-se da própria apostolicidade da Igreja. Somos impregnados do testemunho dos apóstolos, que também é fato histórico. Somos católicos apostólicos.
>
> O sentido da apostolicidade é o testemunho da Ressurreição! Nós somos testemunhas, somos católicos apostólicos, pois na força do Espírito Santo transmitimos o testemunho dos apóstolos a respeito das coisas de Deus, dadas em Cristo Jesus!
>
> O Espírito Santo aprofunda hoje, continuamente, o significado da presença mística de Jesus na Igreja.
>
> O Espírito do Cristo Ressuscitado é a força do discípulo na missão da Igreja.

Depois do estudo do texto, procure rezar, meditar e vivenciar a Palavra, preparando-se para o Encontro.

ENCONTRO DE *KOINONIA* (VIDA FRATERNA)

Koinonia é comunhão, participação, que educa o discípulo missionário para a vida fraterna na comunidade.

(Dispor caixas com materiais diversos em cada um dos cantos da sala para que os catequizandos preparem as encenações.)

1 - ACOLHIDA

(Acolher com alegria o grupo, mantendo-os fora da sala e ali dizer:)

Bem-vindos, hoje nosso encontro será uma experiência de convivência e de vida fraterna.

Vamos formar quatro grupos *(deixar que se agrupem espontaneamente)*. Cada grupo vai entrar na sala e se dirigir a um dos cantos, onde encontrarão uma caixa com materiais diversos e um texto bíblico, que norteará uma atividade.

2 - INTERAGINDO COM CRIATIVIDADE

(Após a entrada e posicionamento dos grupos nos quatro cantos, dar a orientação a seguir:)

Os grupos deverão ler o texto bíblico que está na caixa. O texto ensinará que o Espírito Santo é a força para uma Igreja em missão.

Em seguida deverão pensar numa forma de apresentar o texto aos outros grupos, usando toda a criatividade.

Os grupos terão 15 minutos para preparar a apresentação.

– Grupo 1 – texto At 4,7-31 (Pedro)
– Grupo 2 – texto At 7,8-15 e At 7,55-60 (Estêvão)
– Grupo 3 – texto At 8,26-40 (Filipe e o eunuco)
– Grupo 4 – texto At 13,1-5 (Paulo e Barnabé)

(Deixar que organizem as apresentações.)

3 - PARTILHANDO OS DONS – APRESENTAÇÕES

(Reunir os catequizandos em círculo, sentados no chão, para que assistam às apresentações.)

Vamos sortear a ordem de apresentação dos grupos.

(Fazer o sorteio e organizar a ordem das apresentações. Após cada apresentação, propor a todos a seguinte questão para partilha:)

Como percebemos nesta passagem bíblica que o Espírito foi a força dos discípulos na missão? *(deixar que falem)*

(Quando todos os grupos se apresentarem, encerrando também a partilha a respeito, prosseguir:)

O Espírito fez os apóstolos compreenderem o grande mistério da Ressurreição de Jesus e foi a força para que eles dessem seu testemunho!

Hoje nós somos as testemunhas, somos católicos apostólicos, porque na força do mesmo Espírito Santo transmitimos o testemunho dado pelos apóstolos a respeito das coisas de Deus, realizadas em Cristo Jesus!

O Espírito Santo é a força do discípulo na missão da Igreja.

4 - CONFRATERNIZAÇÃO

Celebrando a força que o Espírito nos dá para sermos discípulos missionários, vamos realizar este momento de partilha dos alimentos e da vida, agradecendo a Deus por todos os dons que Ele nos concede.

Convido todos vocês para arrumarmos juntos o ambiente da nossa confraternização. *(organizar a arrumação)*

Podemos agradecer a Deus de várias formas. Uma delas é a oração de louvor. Vamos juntos louvar de todo o coração, cantando:

Canto: "Obra Nova" (Aluízio Faustino/Walmir Alencar/Carlos Ribeiro)

Turururu Turururu a .... a .... (2 vezes)

Cristo quer fazer em mim uma obra nova.
E meu coração quer modificar. (2 vezes)

Ele tem muitos planos pra mim. Vida quer me dar.
Basta abrir o coração, e Ele agirá.

Vem, Espírito Santo, vem nos transformar.
Vem, Espírito Santo, teu amor nos dar.

Turururu Turururu a .... a .... (2 vezes)

(momento livre de confraternização)

Este encontro é de *KOINONIA*, porque nos proporcionou a experiência da comunhão e da vida fraterna.

Como este encontro me motivou no desejo de participar mais ativamente de minha comunidade?

_____

_____

2ª Unidade
Ação dos primeiros cristãos sob o impulso do Espírito Santo

6º Encontro
Como nasceu a Igreja?

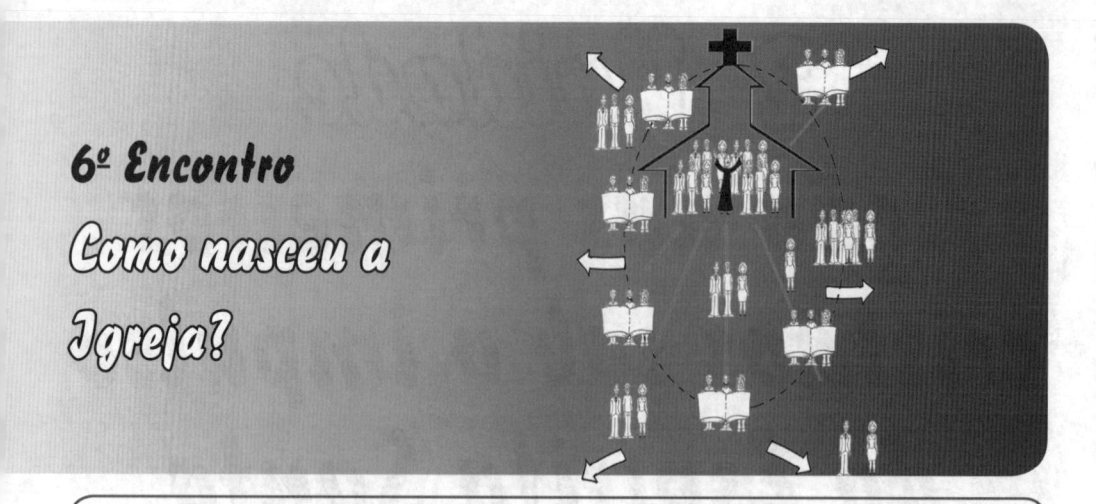

Expectativa para o encontro:

- Compreender, mediante o livro dos Atos dos Apóstolos, como se deu a origem da Igreja.

Providenciar:

- Bíblia
- tecido da cor do tempo litúrgico
- 1 galho seco
- 1 pote com sementes
- 1 sandália
- 1 caixa com dois jogos de tangram (podem ser confeccionados em madeira ou em papel colorido, conforme modelo Anexo). Obs.: Fazer as peças em tamanho grande para facilitar a visualização de todos durante a explicação.
- 4 envelopes numerados e contendo as frases a seguir:
    I. Os primeiros cristãos eram perseverantes em ouvir o ensinamento dos apóstolos.
    II. Os primeiros cristãos eram perseverantes na comunhão fraterna.
    III. Os primeiros cristãos eram perseverantes na fração do pão.
    IV. Os primeiros cristãos eram perseverantes nas orações.

Ambiente:

- Arrumar as cadeiras em círculo.
- Estender um tecido da cor do tempo litúrgico no centro e colocar sobre ele o galho seco, o pote com sementes e a sandália.

Atenção catequista:

Treinar antes para conseguir montar os elementos sugeridos na reflexão do encontro, com as peças dos tangrans.

Ver os cinco elementos no Anexo.

Tangram é um quebra-cabeça composto de 7 peças (7 figuras geométricas), com as quais se pode montar um grande número de figuras.

Formando e preparando o catequista para o encontro

O livro dos Atos dos Apóstolos narra a ação de alguns apóstolos após o evento pascal, evangelizando, levando a Palavra com a força do Espírito para todos os cantos do mundo romano. Apesar do grande acontecimento de Pentecostes, a obra missionária começou timidamente. Com grandes discursos e prodígios (At 3,1-9; 5,12) que atraíam mais e mais pessoas, os apóstolos conservavam a Igreja no mesmo lugar, zelando pelo ensino, oração e partilha. Isso era bom, mas Deus queria mais de sua Igreja nascente. Logo o Espírito Santo se encarregou de abrir literalmente as portas da Igreja (At 8,1), não só para as pessoas entrarem, mas para que os já evangelizados saíssem em busca dos distantes, promovendo sempre uma "nova evangelização". Isso aconteceu com grande sofrimento, porque os cristãos foram obrigados a sair de sua cidade e de seu país, porém mais tarde compreenderiam que tudo ocorreu porque o Espírito usava os acontecimentos para levar o grande dom da Palavra também às terras estrangeiras (At 8,4-8). Em todo momento, o Espírito dava provas aos apóstolos de que o Evangelho devia romper as barreiras e chegar mais longe.

A Igreja nasceu em torno do anúncio da Pessoa do Senhor Jesus Cristo (Jo 9,35-38; At 2,22-24.32). Somente Ele é Caminho, Verdade e Vida, e a Igreja é a experiência comunitária de "caminhar" em Cristo, para experimentar a Verdade e possuir a verdadeira vida (Jo 8,30-32; Jo 15,1-8). Aquelas comunidades que os apóstolos e outros evangelizadores formaram a partir de sua pregação foram chamadas por eles de "Igreja".

O primeiro livro do Novo Testamento, que nasceu antes mesmo dos evangelhos serem escritos, é a primeira carta de Paulo aos cristãos de Tessalônica. Nela constatamos que as comunidades foram chamadas de Igreja: "Paulo, Silvano e Timóteo, à igreja dos tessalonicenses em Deus, o Pai, e no Senhor Jesus Cristo" (1Ts 1,1).

O significado mais original de Igreja é "povo convocado", "assembleia", chamada para se encontrar com o seu Senhor. A ideia é aquela do antigo povo de Deus: dentro do deserto, o povo é levado ao monte Sinai para estabelecer uma aliança com o seu Deus. Foi o próprio Deus que a "convocou".

Neste sentido o nascimento da Igreja coincide com o anúncio de Jesus de que "o Reino de Deus já chegou" (Mt 4,17). Jesus é o cumprimento da Nova Aliança prometida entre Deus e a humanidade (Jr 31,31-34; Hb 8,8-13; 12,22-24), por isso Ele anunciava que o Reino que estava chegando exigia das pessoas uma nova disposição de conversão e de fé (Mc 1,14-15).

Além disso, Igreja tem o sentido de "relação": Igreja é comunidade (At 4,32-35); é corpo, cujos membros se relacionam cada um para a construção do todo (1Cor 12,12ss; Rm 12,5).

Mais tarde veio o sentido territorial de Igreja: a Santa Sé (ou Vaticano), a diocese, a paróquia, a capela, a comunidade. Os irmãos de outros ritos e as outras igrejas igualmente cristãs têm outros nomes para se referir à parcela da Igreja que está sob o seu cuidado de direito e pastoral.

A Igreja nasce da pregação. O primeiro anúncio do mistério do Senhor Jesus Cristo se chama "Querigma". Não se trata de imediatamente pregar o quanto Jesus disse e fez, isso será tema da catequese da Igreja. Querigma é o anúncio do essencial da obra de Jesus: sua morte e ressurreição que inaugura a "Nova Aliança".

O Querigma está presente de modo especial nos discursos de Pedro em At 2,24.32; 3,15; 4,10; 5,30. Observe que em At 10,37-42 Pedro anuncia o Querigma e imediatamente vem o Espírito sobre os ouvintes.

Como vive a Igreja? O livro dos Atos dos Apóstolos nos dá um modelo ideal para vivermos em nossas comunidades ainda hoje (At 2,42). A comunidade está unida sob a autoridade dos apóstolos, dedicada à oração e à escuta dos ensinamentos, generosa em repartir os bens entre todos.

A perseverança no ensinamento dos apóstolos (At 2,14-40) vem de encontro a um constante perigo na Igreja: o de não a compreender corretamente (Mt 16,10ss) e "inventar" doutrinas novas (Mt 7,7; 15,9; Rm 16,17); ou simplesmente abandoná-la (Gl 1,6). Os Apóstolos garantem a autenticidade da doutrina de Jesus (2Cor 4,5).

> Os cristãos, em estreita comunhão de vida, consideravam os bens pessoais um bem comum (At 2,44;4,34-37), um dom para socorrer principalmente os mais pobres da comunidade, de modo que "não havia necessitados entre eles" (At 4,34-37).
> A "fração do pão"– ágape, sinal da Eucaristia, era celebrada nos momentos de refeição comum (At 20,7; 1Cor 10,16).
> A "oração" era feita em geral no templo, enquanto os primeiros cristãos fossem judeus em Jerusalém (At 3,1).

Depois do estudo do texto, procure rezar, meditar e vivenciar a Palavra, preparando-se para o Encontro.

ENCONTRO DE *DIDASKALIA* (ENSINO):

Didaskalia é a instrução dada pelos Apóstolos sobre a vida e missão de Cristo para gerar a fé.

(Antes de iniciar o encontro, colocar no centro um tecido da cor do tempo litúrgico e sobre ele os símbolos do galho seco, o pote de sementes e a sandália. Receber os catequizandos, dando-lhes um abraço e dizendo a cada um: "Que bom que você veio"!)

Olhando para os símbolos do galho seco, das sementes e da sandália, vamos tentar imaginar como era a vida das primeiras comunidades cristãs no início da Igreja.

Cada um destes símbolos pode nos dar pistas dos primeiros momentos da Igreja.

O que os símbolos sugerem a respeito dos inícios da Igreja? *(deixar que falem e em seguida concluir)*

- A Igreja de Jesus é peregrina como Ele, precisa estar num estado permanente de missão.

Olhemos para a sandália.

Imaginem quantos caminhos os primeiros cristãos percorreram para anunciar o Evangelho.

- A Igreja é portadora das sementes do Evangelho, do anúncio de Jesus.

Olhemos para as sementes.

O discípulo missionário de Jesus é convidado a testemunhar com entusiasmo, lançando as sementes do Evangelho pelos caminhos da história.

- A Igreja, como Jesus, encontra obstáculos no anúncio do Reino, porém a força do Espírito Santo a sustenta na missão do anúncio, que transforma toda a realidade.

Olhemos para os galhos secos e pensemos:

Quais são os desafios que hoje o discípulo de Jesus precisa superar para anunciar o Reino? *(instante)*

É na força do Espírito Santo que as primeiras comunidades foram se organizando e espalhando a Boa-Nova pelos quatro cantos do mundo. Nessa força também nós somos chamados a ser discípulos missionários.

Façamos nosso momento de espiritualidade e, cantando, invoquemos o Espírito Santo, acolhendo a Palavra de Deus:

Canto: "Quero mergulhar nas profundezas" (Comunidade Católica Shalom)

Quero mergulhar nas profundezas do Espírito de Deus e descobrir suas riquezas em meu coração. (2 vezes)

É tão lindo, tão simples. Brisa leve,

tão suave, doce Espírito Santo de Deus.

Tão suave, brisa leve, doce Espírito Santo de Deus.

1 - LEITURA ORANTE

(conduzida pelo catequista)

Ler o texto: Lc 5,2-7

1) Vamos recapitular atentamente o texto:

– Jesus viu dois barcos parados e os pescadores, lavando as redes.

– Jesus subiu num dos barcos, o de Pedro, e começou a ensinar às multidões.

– Depois pediu a Pedro que avançasse para águas mais profundas. Pedro explicou que haviam trabalhado a noite toda e não pegaram nenhum peixe; mas, por causa do que Jesus estava dizendo, iriam lançar novamente as redes.

– Pegaram tantos peixes que tiveram que chamar os pescadores do outro barco para ajudar e encheram os dois barcos.

2) Vamos **descobrir** o que Deus está dizendo por meio desta Palavra:

Coloque suas mãos sobre suas pernas, abaixe sua cabeça e feche seus olhos. Coloque-se nesta cena com Jesus e os discípulos....

Jesus se aproxima dos discípulos. Perceba como Ele se aproxima, com mansidão, sem condenar. Os discípulos estão cansados, lavando as redes. Eles tentaram pescar a noite toda. Na verdade eles estão carregando um sentimento de fracasso, estão desistindo porque não pescaram nada. Quantas vezes também você se sentiu assim?

Imagine o que se passa no coração daqueles pescadores que, mesmo sabendo pescar, não pescaram nada. Há um desânimo porque não conseguiram realizar-se naquilo que são. Coloque-se junto com eles, quantas vezes você, sabendo fazer bem uma tarefa, experimentou a derrota?

Mas Jesus vem ao encontro dos discípulos exatamente na hora da dificuldade e dirige a eles uma Palavra.

Escute o que Jesus disse: "avancem para águas mais profundas, vão adiante, vão fundo comigo e lancem suas redes para o outro lado".

Pedro sobe no barco. Suba você também e atenda a este apelo de Jesus.

O encontro de Jesus com os pescadores mudou aquela realidade e o agir deles passou a ser guiado pela Palavra de Jesus.

3) Neste momento vamos abrir nossos olhos e partilhar, em dupla, sobre a experiência que fizemos. (*breve momento para partilha*)

4) Antes de encerrarmos a oração, é hora de se comprometer. Coloque a mão em seu coração, feche seus olhos e escolha uma atitude para tornar a sua oração um gesto concreto nesta semana.

2 - FATO DA VIDA (Jesus no meio de nós)

Objetivo: Perceber a presença de Jesus nas situações concretas da vida.

Vamos voltar novamente nosso olhar para os símbolos que estão no centro da sala. No primeiro momento do encontro, procuramos associá-los à vida das primeiras comunidades.

Agora, a partir da Palavra de Deus que rezamos, vamos associar estes símbolos a situações concretas da nossa vida de discípulos missionários.

Em que situações, por causa da Palavra de Jesus, nos percebemos superando os galhos secos de nossa vida, lançando sementes ou saindo em missão para levar esperança aos outros?

Gostaria que alguns de vocês contassem uma situação que aconteceu em suas vidas, ou em suas famílias, na qual seja possível percebermos que por causa da Palavra de Jesus vocês mudaram o jeito de agir, e a situação teve um desfecho surpreendente. (*deixar que falem*)

3 - REFLEXÃO

Como este encontro é para "aprendermos o ensinamento" (*didaskalia*) sobre o início da Igreja, vamos refletir:

A partir da Palavra de Jesus anunciada pelos apóstolos, foram se formando comunidades cristãs.

Quatro características definem as primeiras comunidades cristãs do início da Igreja: "Eles eram perseverantes em ouvir o ensinamento dos apóstolos, na comunhão fraterna, na fração do pão e nas orações" (At 2,42).

Essas características precisam inspirar a vida da Igreja hoje.

(Apresentar a todos uma caixa com as peças dos dois tangrans e quatro envelopes com as características da comunidade.)

Quero convidar quatro catequizandos para que venham até a caixa e peguem um envelope.

Cada envelope está numerado. Na ordem numérica, abram e cada um vai ler uma das características da comunidade cristã. Em seguida vou explicar a característica e montar uma forma que a simbolize.

Catequizando 1: Os primeiros cristãos eram perseverantes em ouvir o ensinamento dos apóstolos.

Catequista: Os primeiros cristãos recebiam o ensinamento sobre a vida e missão de Jesus – o Evangelho – diretamente pelo testemunho dos Apóstolos. Eles se reuniam para escutar este ensinamento ou a *didaskalia* dos apóstolos para pautarem sua vida naquilo que ouviam sobre Jesus.

Ainda hoje, a comunidade cristã persevera no aprendizado da fé que recebemos dos Apóstolos. A catequese é uma das fontes desse aprendizado.

A imagem que montarei relembra o que rezamos e ilustra também a primeira característica das primeiras comunidades: Jesus entrou na barca de Pedro, que simboliza a Igreja, e dela ensinou os apóstolos. Hoje a barca da Igreja continua transmitindo a fé para todos nós. *(montar a figura)*

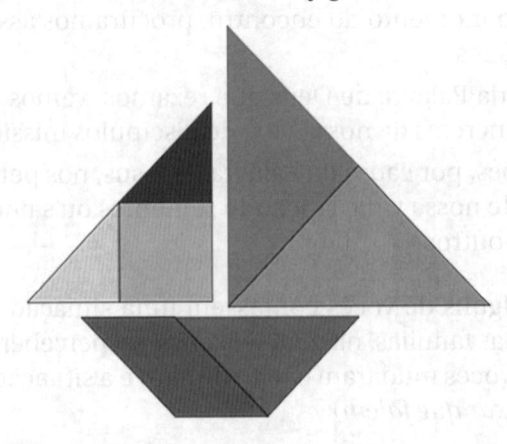

Catequizando 2: Os primeiros cristãos eram perseverantes na comunhão fraterna.

Catequista: No livro dos Atos dos Apóstolos, percebemos que os primeiros cristãos tinham tudo em comum, e quem tinha bens vendia-os para ajudar os necessitados (At 2,44-45).

A comunhão deles com Deus impulsionava a comunidade para a comunhão, o serviço concreto aos irmãos. Ninguém na comunidade cristã deveria passar fome, ser excluído ou passar qualquer tipo de necessidade.

A imagem que montarei relembra o que rezamos e ilustra a segunda característica das primeiras comunidades: os discípulos da comunidade de Jesus também chamaram outros para participar da abundância daquela pesca, fruto da obediência deles à Palavra de Deus. Também hoje a Igreja nos convida para o testemunho de vida fraterna, em que um auxilia o outro nas suas necessidades. Isso é sempre uma luz que atrai.

Catequizando 3: Os primeiros cristãos eram perseverantes na fração do pão.

Catequista: A vida das primeiras comunidades cristãs era sustentada pela fração do pão, na qual o próprio Senhor está presente. A Eucaristia faz a Igreja e a Igreja vive da Eucaristia.

A comunhão no sacrifício de Cristo é o ponto culminante de nossa união com Deus e também representa a plenitude da unidade dos discípulos de Cristo, a plena comunhão.

A imagem que veremos relembra Jesus sentado na mesa da ceia. Ele é a Eucaristia, o pão vivo descido do céu que sustenta a Igreja. Digamos juntos:

Todos: A Igreja vive da Eucaristia.

Catequizando 4 – Os primeiros cristãos eram perseverantes nas orações.

Catequista: A oração é uma atitude constante de Jesus e de quem quer ser discípulo dele.

A oração é uma experiência filial, como testemunham as palavras do Pai Nosso. Estar em oração implica abrir-se à fraternidade, ao perdão, à reconciliação e à construção do Reino por meio da missão.

O que esta imagem sugere como uma das características da origem da Igreja, que também hoje a Igreja precisa ter? *(deixar que falem)*

(Terminada a explicação e montagem dos quatro elementos, montar um peixe e fazer a explicação sobre a identificação dos cristãos.)

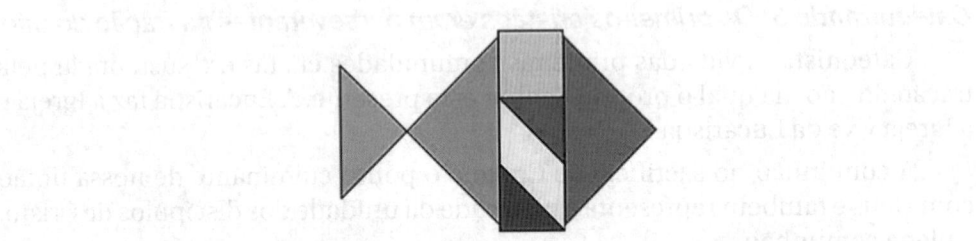

O peixe é um dos símbolos mais antigos do cristianismo. Ele era usado pelos cristãos como meio de identificação nos tempos de perseguição do Império Romano, significando um sinal secreto de fé. Quando um cristão encontrava outra pessoa que achava que era cristão também, ele desenhava um arco, formando a metade de um peixe. Caso a outra pessoa também fosse um cristão, completava com a outra parte do arco, formando assim a figura de um peixe.

Mas por que o peixe identificava os cristãos?

Você já deve ter brincado de "Acróstico", ou seja, pegar uma palavra e com cada letra dela escrever uma nova palavra. Foi assim que fizeram os cristãos com a palavra Peixe. A palavra grega para peixe é "ICTHYS" e cada uma de suas letras formarão estas novas palavras:

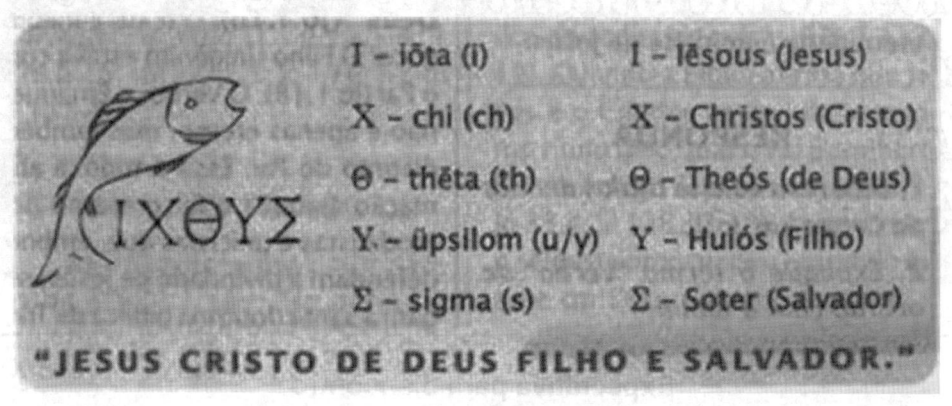

```
Ι - iōta (i)        Ι - Iēsous (Jesus)
Χ - chi (ch)        Χ - Christos (Cristo)
Θ - thēta (th)      Θ - Theós (de Deus)
Υ - úpsilom (u/y)   Υ - Huiós (Filho)
Σ - sigma (s)       Σ - Soter (Salvador)
```

"JESUS CRISTO DE DEUS FILHO E SALVADOR."

Portanto podemos entender o significado de Icthus: Jesus Cristo, Filho de Deus, Salvador.

Este encontro é de *DIDASKALIA*, porque nos ensina sobre o início da Igreja mediante a instrução dos apóstolos e da vida das comunidades cristãs. O que este encontro lhe ensinou hoje?

_____

_____

---

4 - ORAÇÃO FINAL

O Pai-Nosso é a oração da comunidade dos filhos de Deus, oração que o próprio Jesus ensinou aos seus discípulos. Rezando esta oração, pedimos ao Pai a graça de vivermos como Jesus e de sermos "filhos no Filho, Jesus Cristo".

Vamos juntos, de mãos dadas, rezar a oração do Pai Nosso, pedindo que nosso coração seja transformado e aprendamos a viver como as primeiras comunidades cristãs.

Todos: Pai Nosso que estais no céu...

Na alegria de sermos membros da comunidade cristã, vamos nos despedir, desejando uns aos outros uma semana abençoada.

7º Encontro
Vivência das primeiras comunidades a partir do testemunho dos Apóstolos

Expectativa para o encontro:

- Conhecer o testemunho que Paulo transmite a respeito do Evangelho de Jesus.
- Compreender alguns aspectos da vida das primeiras comunidades cristãs por meio das Cartas de Paulo.
- Perceber como podemos testemunhar o Evangelho hoje.

Providenciar:

- 1 pessoa caracterizada como o apóstolo Paulo para participar do encontro,
- jornais e revistas com notícias da semana sobre alguns desafios presentes na sociedade, convenientes para uma abordagem com os adolescentes.
- 1 tecido da cor do tempo litúrgico
- Bíblia
- rádio
- CD com a música "Viver pra mim é Cristo"
- mapas das viagens de Paulo (se possível)
- resumo das cartas de Paulo para os grupos (recortar do Anexo)

Ambiente:

- Tecido da cor do tempo litúrgico no centro.
- Bíblia sobre o tecido.
- Decorar o ambiente com os mapas das viagens de Paulo.

Formando e preparando o catequista para o encontro

No encontro anterior, falamos do ideal de vida de qualquer comunidade inspirada no exemplo das primeiras comunidades cristãs. Mas não foi fácil vivenciar uma proposta tão revolucionária quanto aquela, que tratava todos como verdadeiros irmãos, tendo Deus como o Pai de todos e Cristo como o único Senhor.

Além disso, a conversão é um processo, isto é, um caminho lento e constante até que Cristo envolva toda a vida da pessoa (Mt 22,37; Rm 12,2; Ef 4,13): seu pensamento (Rm 2,15; 12,3), sentimentos (Fl 2,5) e seu agir (Rm 13,12b; Gl 5,16ss; 1Tm 6,18).

Fixemos o olhar neste momento sobre o apóstolo Paulo, que teve um processo de conversão a partir de um encontro transformador com o Ressuscitado no caminho de Damasco (At 9,1-19) e se tornou um grande evangelizador.

Paulo, na segunda parte de Atos dos Apóstolos, rompe definitivamente as fronteiras que delimitavam o alcance da pregação do Evangelho. Ele foi escolhido pelo próprio Espírito Santo para a obra da evangelização dos povos (At 13,2-3ss). Foi assim que Paulo fundou comunidades por todo o vasto território do Império Romano no primeiro século do cristianismo. Por onde passava, deixava uma comunidade organizada, unida e orante (1Ts 5,17.25). Os problemas resultantes da vida comum e da passagem daqueles que discordavam de sua pregação eram tratados por meio de cartas ou de missionários que Paulo enviava frequentemente (1Cor 1,10-13; 4,17; Fil 2,19). Assim nasceu a coleção de cartas paulinas, algumas escritas pelo próprio apóstolo (Rm, Gl, 1 e 2 Cor, Fl, 1 e 2 Ts) e outras atribuídas a ele por conterem seu estilo ou seu espírito apostólico. Efésios e Colossenses podem ter sido, mas, com toda a certeza, Hebreus não foi escrita por ele. Outras comunidades nasceram ou se desenvolveram ligadas a outros apóstolos, mas sempre com a mesma fé no único Evangelho anunciado e professado (1Cor 15,3-5ss).

Paulo se preocupava com as comunidades que ele e seus colaboradores haviam fundado. Ao passar adiante para outras terras de missão, o apóstolo não se desligava daqueles que considerava como filhos e que amava até mesmo com amor materno (Gl 4,19).

Todos os dias chegavam a Paulo mensageiros e cartas, dizendo que pessoas da comunidade atormentavam os que queriam viver segundo a lei de Cristo; que havia divisões na comunidade (1Cor 1,11ss); que muitos questionavam a autoridade de Paulo, pregando outra doutrina (2Cor 11,4.13), e muitos que se diziam cristãos, na prática, viviam de forma pagã (1Cor 5; Fl 3,18). Paulo, sempre desejoso de voltar às comunidades para corrigi-las e animá-las, sentia-se impelido pelo Espírito a ir adiante (1Cor 16,5-9) ou proibido de voltar por culpa de perseguidores (veja o desabafo de Paulo em 1Ts 2,18). Por isso, quando não podia enviar alguém em seu nome, como Timóteo muitas vezes o fez (1Cor 16,10-12; 1Ts 3,1-8; Fl 2,19; 1Cor 4,17), escrevia cartas pessoais inflamadas de zelo e carinho pelas comunidades (1Ts 2,17). Às vezes confessava até mesmo tristeza de ver destruído o campo que ele havia semeado. Este é o caso da carta das "muitas lágrimas", mencionada em 2Cor 2,4, mas perdida, em que Paulo teria escrito de maneira muito dura.

Depois do estudo do texto, procure rezar, meditar e vivenciar a Palavra, preparando-se para o Encontro.

ENCONTRO DE *MARTYRIA* (TESTEMUNHO):

Martyria é o testemunho de fidelidade a Cristo dado pelos Apóstolos, os discípulos missionários.

1 - ACOLHIMENTO:

Iniciemos nosso encontro com a saudação da Igreja:

A graça de nosso Senhor Jesus Cristo, o amor do Pai e a comunhão do Espírito Santo estejam com todos vocês.

Todos: Bendito seja Deus que nos reuniu no amor de Cristo.

Hoje em nosso encontro de *martyria* ouviremos o testemunho de alguém muito especial. Quem será?

(Neste momento a pessoa que está caracterizada como o Apóstolo Paulo bate na porta da sala do encontro. Pedir para um catequizando abrir a porta e ver quem é.)

(Paulo entra e diz:)

Paulo: Sou o Apóstolo Paulo e vim aqui dar testemunho sobre o Evangelho de Jesus a vocês.

Catequista: Paulo foi um grande apóstolo, testemunha da fé. Ele fundou e organizou muitas comunidades a partir do testemunho que dava sobre o Evangelho de Jesus. Vamos acolhê-lo com uma salva de palmas.

Paulo: Eu me chamava Saulo, que é um nome grego, mas a partir da minha experiência missionária, fiquei mais conhecido como Paulo. São Lucas, um dos quatro evangelistas, escreveu parte da minha história nos Atos dos Apóstolos. Eu tive um probleminha nas vistas. Alguém de vocês poderia pegar a Bíblia e ler para nós At 9,1-19 para conhecerem melhor minha história?

2 - ESPIRITUALIDADE

(após a leitura do texto, Paulo prossegue)

Paulo: A luz de Jesus Ressuscitado me envolveu, colocou em meu coração uma experiência do Mistério. Eu compreendi que tudo era vazio e inútil sem o Senhor Jesus. Depois, ao longo da vida, fui me configurando sempre mais com Cristo até o ponto de dizer: "Já não sou eu que vivo, mas é Cristo que vive em mim". (Gl 2,20)

A luz de Jesus no caminho que eu fazia para Damasco me alcançou, inundando meu coração. Fui vencido por esta luz, que é fonte e impulso para minha missão. A partir desse encontro me tornei discípulo de Jesus e incansável missionário, anunciador da Palavra.

Após minha conversão fui para Arábia, depois para Jerusalém encontrar-me com os apóstolos; de lá, retornei para Tarso, onde permaneci por longos anos até ser chamado por Barnabé para ir à Antioquia da Síria e, de lá, com Barnabé, fui enviado em missão. Durante minha vida realizei quatro grandes viagens missionárias, fundei comunidades, animei os cristãos, enfrentei muitas dificuldades e escrevi algumas cartas animando e orientando as comunidades. Enfim, por causa do encontro que eu tive com Jesus me tornei testemunha dele: "Combati o bom combate, terminei minha carreira, conservei a fé". (2Tm 4,7)

Quero fazer uma proposta para vocês:

Quando eu fui atingido pela luz de Jesus Ressuscitado, meus olhos se fecharam. Façam essa experiência de colocar-se na presença da luz de Jesus Ressuscitado.

Deixem-se atingir por esta presença e fechem os seus olhos. Permitam que Jesus os alcance e possa contar também com vocês para testemunhar a fé em missão.

Num instante de silêncio, com os seus olhos fechados, permaneçam nesta luz de Cristo; ela nos fortalece para o testemunho e a missão.

Abram seus olhos e cantemos:

Canto: "Dentro de mim" (Pe. Zezinho)
Minha luz é Jesus, e Jesus me conduz pelos caminhos da paz. (2 vezes)

3 - VER A REALIDADE

Paulo: Como disse antes, eu escrevi cartas para as comunidades, com importantes lições para a vivência e o testemunho da fé. Agora gostaria que vocês também conhecessem os ensinamentos a respeito de Jesus contidos nessas cartas. Eles nos ajudam a viver como uma comunidade cristã.

(Organizar quatro grupos e entregar, a cada um, uma carta – do Anexo – para iniciarem uma leitura.)

Catequista: Agora que já conhecemos um pouco das instruções contidas nas cartas de Paulo, cada grupo receberá jornais e revistas com notícias da semana sobre alguns desafios presentes na sociedade.

(Distribuir jornais e revistas para reflexão dos catequizandos, a fim de que cada grupo possa trabalhar.)

Cada grupo deverá escolher duas notícias e verificar como as instruções de Paulo, em suas cartas, podem iluminar e reorientar essas realidades.

As cartas de Paulo nos orientam a dar testemunho do Evangelho, como discípulos missionários, em cada uma destas situações.

(instante para que realizem a atividade)

4 - ILUMINAR

Agora cada grupo vai mostrar aos demais que as cartas de Paulo possuem instruções muito atuais que ajudam a iluminar a realidade. Faremos as apresentações de cada grupo da seguinte forma:

1) Contar a todos as situações escolhidas no jornal ou revista.
2) Apresentar as instruções de Paulo que iluminam essas situações.
3) Contar como é possível dar hoje nosso testemunho, como fez Paulo, em relação a tais situações.
4) Colocar no tecido, ao redor da Palavra de Deus, as duas notícias.

Conclusão: Nas suas cartas, Paulo afirma constantemente sua vocação de discípulo missionário de Cristo. Hoje nós somos chamados a ser testemunhas do Evangelho, como Paulo.

5 - COMPROMISSO – AGIR CRISTÃO

Ouçamos com atenção a música a seguir:

(colocar o CD com a música ou cantar com os catequizandos)

Canto: "Viver pra mim é Cristo" (Anderson Freire)

Senhor, preciso te dizer que é impossível me esquecer
Que não estou só nesta batalha entre o bem e o mal
A cada nova experiência, eu te glorifico mais
Te ter é a maior diferença em mim.

*Se os bons combates eu não combater
Minha coroa não conquistarei
Se minha carreira eu não completar
De que vale a minha fé tanto guardar*

*Se perseguido aqui eu não for
Sinceramente um cristão não sou
A tua glória quero conhecer
Ver a experiência de sobreviver*

*Viver pra mim é Cristo, morrer pra mim é ganho
Não há outra questão, quando se é cristão
Não se para de lutar*

*Triunfarei sobre o mal, conquistarei troféus
Não há outra questão, quando se é cristão
Não se para de lutar
Até chegar ao céu*

*Se calarem o som da minha voz
Em silêncio estarei a orar
Se numa prisão me colocar
Eu vou te adorar*

*Se minha família me trair
Eu vou sonhar com Deus
Viver seus planos isso é parte
De uma carreira de cristãos*

Paulo foi martirizado por volta dos anos 64 a 68 em Roma. Testemunhando a sua fé, permaneceu sempre fiel a Jesus. Por ser cidadão romano, ele foi decapitado. O túmulo do Apóstolo Paulo está na Basílica de São Paulo Fora dos Muros, em Roma.

> Este encontro é de *MARTYRIA*, porque nos ajuda a ser testemunhas de Jesus Cristo. A partir do encontro de hoje, por meio de que gesto concreto você testemunhará sua fé?
>
> _____
> _____

8º Encontro
A história da Igreja através dos tempos

Expectativa para o encontro:

- Conhecer um pouco da história da Igreja Católica.
- Celebrar o caminho percorrido pelos cristãos.
- Rever os sacramentos da Igreja.

Providenciar:

- barbante grosso ou corda (fazer 7 nós no barbante ou na corda)
- 1 caixa com símbolos diversos para preparar a celebração (vela, galho, Bíblia, flor, papel sulfite, cola, tesoura, pedra, tecidos coloridos, livros, revistas, jornais etc.)
- 1 tecido da cor do tempo litúrgico
- símbolos para os sete sacramentos: pão, jarro com água, frasco com óleo, cruz, estola, alianças, algodão e gaze

Ambiente:

- Preparar um local com o tecido litúrgico e os símbolos dos sete sacramentos.

Formando e preparando o catequista para o encontro

A primeira geração cristã, aquela apostólica, esperava com firme confiança que Jesus voltaria em breve e que realizaria definitivamente o reinado de Deus no meio do mundo, abolindo toda injustiça e estabelecendo a paz (Mc 9,1; 1Ts 4,15-17; 2Ts 2,1-10). Eles chamavam Jesus de "Cristo" (At 2,36.38; 3,6.18.20) e "Senhor" (At 1,6.21; Rm 10,9; Fl 2,6-11). "Senhor" era o próprio nome de Deus, e "Cristo" seria o seu "ungido", o enviado para salvar o povo. "Senhor" também era como o imperador romano gostava de ser chamado, para sinalizar que todos os povos lhe pertenciam.

Os apóstolos e os evangelistas ajudaram as comunidades a tomar consciência de que elas é que tinham de levar adiante a relação de amor de Deus e seu projeto de vida em Jesus Cristo por meio dos escritos do Novo Testamento. A nova consciência levou a comunidade a realizar na Eucaristia a sua certeza profunda da presença de Jesus. A comunidade era consciente também de que o Espírito Santo os movia para levar o projeto de vida em Jesus como boa notícia, isto é, Evangelho, a todos os povos (Mt 28,16-20). A memória de Jesus se mantinha viva em torno à mesa e o anúncio da ressurreição mostrava sua eficácia mediante a vida dos cristãos que repartiam o pão.

O estilo de vida dos cristãos atraiu muita gente e se estendeu por todo o mundo romano, mas também levantou suspeita e perseguições por parte de autoridades e concidadãos. Muitos dos primeiros cristãos assinaram seu testemunho de fé com o martírio: assim como o diácono Estêvão (At 7,58-60), o apóstolo Tiago (At 12,1-2), inclusive Pedro e Paulo (2Tm 4,7) e ainda muitos outros. Assim morreram as primeiras testemunhas de Jesus e as perseguições aumentaram ainda mais.

A Igreja sabia que precisava se reforçar também como instituição para poder sobreviver ao tempo e não sucumbir às acusações e perseguições dos adversários. Além disso, já afastada dos primeiros tempos em que os próprios apóstolos garantiam a retidão da fé, a Igreja era ameaçada a partir de dentro por lideranças que discordavam do modo de entender Jesus e a Igreja.

Muitas vezes a Igreja precisou convocar suas lideranças para, junto com o Papa, sucessor de Pedro na condução pastoral da Igreja, discernirem à luz do Espírito Santo as questões que ameaçavam romper ou corromper a unidade. Muitos Concílios (reunião de Bispos com o Papa) buscaram compreender melhor o mistério de Cristo e sua Igreja. Cresceu o número de estudiosos e pensadores cristãos que defendiam a Igreja em franco diálogo ou até mesmo em aberto confronto com o mundo político e cultural da época. São os chamados "Padres da Igreja", ecumenicamente chamamos de "pais e mães da Igreja", no tempo da patrística. Alguns nomes da Patrística mais antiga são: Clemente de Roma, Inácio de Antioquia, Papias de Hierápolis, Policarpo de Esmirna.

Enfim, o Império Romano, já desgastado por conflitos internos, deixou de perseguir abertamente a Igreja e até a promoveu em diversos momentos. O novo desafio seria aquele de manter-se na fidelidade ao projeto de Jesus quando o mundo e a cultura envolvia a Igreja com interesses que atraíam até mesmo lideranças de comunidades e de muitos setores da Igreja. O resultado foi a ruptura, em diversos momentos, da unidade da Igreja por cristãos discordantes quanto à linguagem teológica a respeito de algum tema, ou mesmo por disputas na condução da Igreja ou filiação política a grandes impérios e principados. As maiores divisões se deram no grande cisma do Oriente a partir do ano de 1054, quando a Igreja Ortodoxa seguiu o seu rumo independente da Igreja Católica. Outra divisão aconteceu com a Reforma Protestante, marcada pela contestação de Martinho Lutero em 1517 contra o que ele entendia como abusos e abandono da verdadeira fé na Igreja Católica. Hoje reconhecemos que tais lutas não produziram vencedores, mas a Igreja toda perdeu com a divisão que significou um contratestemunho daqueles, de ambos os lados, que se pretendiam "discípulos" de Jesus, quando Ele mesmo pediu ao Pai pela sua unidade (Jo 17,11c: "que todos sejam um, assim como nós somos um").

A Igreja Católica que conserva a raiz apostólica inicial, e as demais igrejas, oriundas dos cismas, estando presentes no mundo, e não renunciando ao diálogo constante com o mundo, encontraram muitos desafios pelo caminho. O maior desafio é de atualizar sempre a sua mensagem para o mundo contemporâneo, respondendo às suas grandes perguntas. Um momento precioso na vida de nossa Igreja foi a convocação do Concílio Vaticano II por um Papa já idoso, mas que surpreendeu o mundo pela sua vitalidade, o Papa João XXIII. Ele morreu durante o Concílio, mas o sucedeu outro homem cheio do Espírito Santo, o Papa Paulo VI, que pôde dar prosseguimento e enfim encerrar os trabalhos. Aquele Concílio abriu a mente e o coração da Igreja para os novos desafios que o mundo impunha. Para conhecer melhor a Igreja dos nossos tempos, é indispensável a leitura dos documentos do Concílio, em especial a "Lumen Gentium", que apresenta a Igreja – onde Cristo é a cabeça de seus membros – como "luz dos povos".

Depois do estudo do texto, procure rezar, meditar e vivenciar a Palavra, preparando-se para o Encontro.

ENCONTRO DE *LITURGIA* (CELEBRAÇÃO)

Liturgia é celebração memorial da entrega de Cristo, para a glória do Pai, que santifica o discípulo missionário.

1 - CELEBRANDO A VIDA NA PRESENÇA DE DEUS

Bem-vindo, querido catequizando! Pelo Batismo você é membro do Corpo da Igreja, da qual Jesus é a cabeça! Você é morada do Espírito Santo, que Jesus soprou na Igreja, como força para a missão!

Dê um abraço em seu amigo, que também é membro desta Igreja.

Cantemos:

Canto: "A edificar a igreja"

*A edificar a igreja do Senhor, (3 vezes)
Irmão, vem, ajude-me,
Irmã, vem, ajude-me
A edificar a Igreja do Senhor.*

*Eu sou a Igreja, você é a Igreja
somos a Igreja do Senhor*

*São Pedro é Igreja, São Paulo é Igreja
somos a Igreja do Senhor*

*Os leigos são Igreja, os padres são Igreja
somos a Igreja do Senhor*

A Igreja é o lugar do encontro com Jesus Ressuscitado. Por meio dela, Jesus nos conduz ao Pai.

"Pela Igreja, como nos ensina o Catecismo da Igreja Católica, Deus quer transformar o gênero humano no único povo de Deus, consagrado no único templo do Espírito Santo" (CIC 776).

2 - APROFUNDANDO A FÉ

Hoje vamos conhecer um pouco mais da história de nossa Igreja Católica Apostólica Romana.

(colocar o barbante com os 7 nós no centro)

Vamos dar alguns passos nesse conhecimento. O barbante que está no centro vai ser nossa linha do tempo. Ele tem sete nós, que representam 7 pontos importantes da história – vamos ler os 7 pontos a seguir, sobre a história da Igreja: *(indicar catequizandos para ler cada ponto)*

Conforme você vai ouvindo cada ponto, pense e escreva abaixo do desenho um símbolo para cada nó.

1) Os primeiros cristãos **esperavam que Jesus voltasse em breve**, realizando definitivamente o reinado de Deus no meio do mundo, abolindo toda injustiça e estabelecendo a paz.

2) Os apóstolos e os evangelistas ajudaram as comunidades a compreender que **elas precisavam levar adiante o Evangelho**. Elas **encontravam força na celebração da Eucaristia** (certeza da presença de Jesus). A comunidade era consciente também que **o Espírito Santo a movia** para levar o Evangelho a todos os povos. O anúncio da ressurreição mostrava sua força mediante o **testemunho dos cristãos**.

3) **O estilo de vida dos cristãos atraiu muita gente** e se estendeu por todo o Império Romano, mas também levantou suspeita e perseguições por parte de autoridades. Muitos **cristãos testemunharam a fé dando sua própria vida pelo martírio.**

4) A Igreja era perseguida e foi também **ameaçada a partir de dentro** por lideranças que discordavam do modo de entender Jesus e a Igreja.

5) A Igreja **convocava suas lideranças,** junto com o Papa *(nos Concílios),* para discernirem à luz do Espírito Santo as questões que ameaçavam romper ou corromper a unidade, buscando **compreender melhor o mistério de Cristo e sua Igreja.** Cresceu o número de **estudiosos e pensadores cristãos que defendiam a Igreja,** são os chamados "Padres da Igreja",

6) **O Império Romano deixou de perseguir a Igreja. O desafio seria manter-se na fidelidade** ao projeto de Jesus porque neste tempo o mundo e a cultura envolviam a Igreja com seus interesses. O resultado foi a ruptura da unidade da Igreja em diversos momentos: com o **cisma do Oriente** a partir do ano de 1054 (quando a Igreja Ortodoxa seguiu o seu rumo independente da Igreja Católica) e o **cisma da Reforma Protestante** (contestação de Martinho Lutero em 1517 contra o que ele entendia como abusos e abandono da verdadeira fé na Igreja Católica). Tais lutas não produziram vencedores, mas a Igreja toda perdeu com a divisão, que significou um contratestemunho daqueles, de ambos os lados, que se pretendiam "discípulos" de Jesus, quando Ele mesmo pediu ao Pai pela sua unidade *(Jo 17,11c: "que todos sejam um, assim como nós somos um").*

7) A Igreja Católica, estando presente no mundo e não renunciando ao diálogo constante com a sociedade, encontra muitos desafios, entre eles **atualizar a mensagem do Evangelho para o mundo contemporâneo,** respondendo às suas grandes perguntas. Um momento precioso na vida de nossa Igreja foi a convocação do **Concílio Vaticano II, que favoreceu o diálogo da Igreja com o mundo.**

(Dar um tempo para que os catequizandos pensem e escrevam o símbolo.)

Para finalizar, formem duplas. *(Tempo para se organizarem)*
Darei um número para cada dupla.
O número indicará qual dos 7 momentos da Igreja a dupla irá trabalhar.

A dupla deverá escolher um símbolo da caixa, que melhor representar aquele momento da Igreja *(conforme escreveram abaixo do nó – relativo ao número que receberam).*

(Disponibilizar caixa com material variado e dar tempo para que preparem os símbolos.)

3 - CELEBRANDO A FÉ

Vamos nos reunir ao redor do barbante, trazendo os símbolos.

Cantando, preparemos o coração para ouvir a Palavra de Deus. *(instante)*

Canto: "Fala, Senhor" (CNBB)

Fala, Senhor, (2 vezes)
Palavra de fraternidade!
Fala, Senhor, (2 vezes)
És luz da humanidade!

1– A tua Palavra é fonte que corre,
Penetra e não morre, não seca jamais.

(O catequista lê o texto.)

Texto Mt 28,19-20

A história da Igreja nos faz perceber o quanto já cumprimos do mandato de Jesus nestes mais de 2 mil anos e quanto caminho ainda temos pela frente.

Agora cada dupla vai apresentar seu símbolo e relacioná-lo com o momento da história da Igreja que ele representa. Em seguida vai colocá-lo sobre a linha.

A cada símbolo colocado, vamos cantar:

Canto:

Agora é tempo de ser Igreja, caminhar juntos, participar.

Este encontro é de *LITURGIA*, porque nos ajuda a celebrar a fé, reconhecendo o poder de Deus e dando glórias ao Senhor. Ele transforma e santifica nossa vida.

Como a experiência de hoje me leva a celebrar minha pertença e missão na Igreja?

_____
_____

---

4 - ENVIADOS PARA VIVER A FÉ NA FORÇA DO ESPÍRITO SANTO

(Pedir que o grupo se aproxime do tecido com os símbolos dos sacramentos e, conforme cada sacramento estiver sendo descrito, apontar para o símbolo.)

É pelo Batismo, sacramento da Igreja, que nos tornamos filhos de Deus, membros da Igreja, templos do Espírito Santo. *(apontar para a água)*

Pelo sacramento da Reconciliação, Cristo perdoa os nossos pecados por meio dos sacerdotes da Igreja. *(apontar para a cruz)*

A Igreja nos dá o Corpo e o Sangue de Jesus, que está vivo no sacramento da Eucaristia. *(apontar para o pão)*

O Espírito Santo nos é comunicado pelo sacramento da Crisma, na Igreja. *(apontar para o óleo)*

A Igreja concede aos casais a graça do sacramento do Matrimônio. *(apontar para a aliança)*

Pelo sacramento da Ordem, a Igreja ordena os sacerdotes. *(apontar para a estola)*

Por meio dos seus ministros ordenados, a Igreja administra a unção dos enfermos àqueles que estão no leito de dor. *(apontar para o algodão e a gaze)*

Pela Igreja, Cristo continua agindo em nosso favor.

Por meio dos sacramentos na Igreja, Cristo acompanha, perdoa, cura e fortalece seu povo para a missão.

Durante esta semana, reveja os 7 sacramentos da Igreja mediante a Leitura do texto bíblico correspondente.

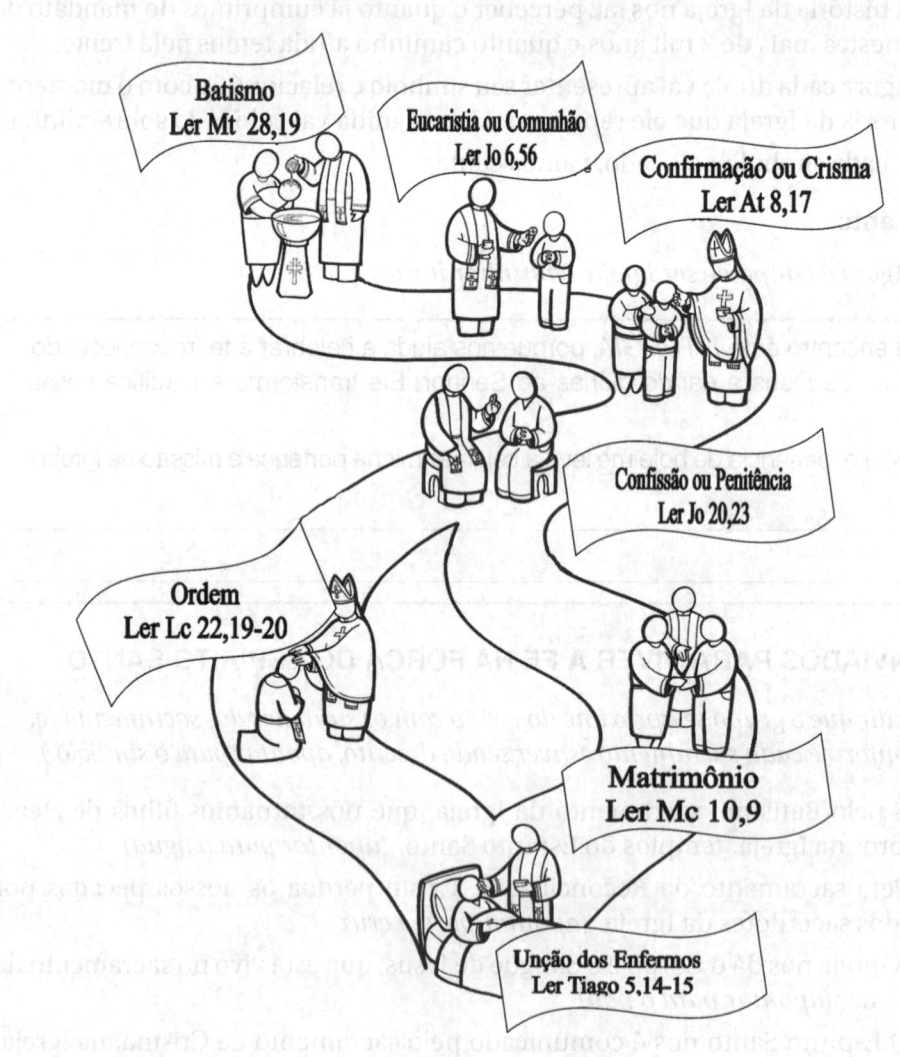

- Batismo — Ler Mt 28,19
- Eucaristia ou Comunhão — Ler Jo 6,56
- Confirmação ou Crisma — Ler At 8,17
- Confissão ou Penitência — Ler Jo 20,23
- Ordem — Ler Lc 22,19-20
- Matrimônio — Ler Mc 10,9
- Unção dos Enfermos — Ler Tiago 5,14-15

9º Encontro
Conhecendo os componentes que caracterizam a vida da comunidade Igreja

Expectativa para o encontro:

- Identificar os componentes que caracterizam a vida de uma comunidade cristã.
- Aprofundar o conhecimento das Pastorais e movimentos presentes na comunidade.

Providenciar:

- Cartaz com a frase de Jo 10,7b: "Eu sou a porta das ovelhas"
- Bíblia
- Imagem do Bom Pastor

Ambiente:

- Com a porta aberta, pendurar no espaço aberto da porta o cartaz com a frase de Jo 10,7b.
- Preparar um local apropriado para colocar a Bíblia e a imagem do Bom Pastor.

Formando e preparando o catequista para o encontro

Santo Inácio, bispo de Antioquia, martirizado no ano 107 d.C. em Roma, foi um importante elo entre a doutrina da Igreja dos tempos futuros e a herança da tradição dos apóstolos. Escrevendo várias cartas doutrinais, ele definia a Igreja como "una, santa e católica". Com o termo "católica", usado pela primeira vez, ele se referia a "todos os cristãos".

Diz o Catecismo da Igreja Católica (CIC n. 750) que a Igreja se entende na sua missão no mundo com estes termos, que são inseparáveis da fé em Deus Trindade: dizendo de si mesma que é "Una", a Igreja prega sua total união com Cristo, único autor da salvação oferecida a todas as pessoas, de todos os tempos e lugares (1Cor 8,5-6; Jo 3,16-17; At 4,12). A Igreja é "Santa" porque traz em si a presença do Ressuscitado nos sacramentos. É Santa também porque santifica seus membros, o povo de Deus, portanto é santa nas coisas santas ("sacramentos") e nas pessoas que santifica, pelos sacramentos. A Igreja é "Católica", ou seja, "Universal", porque oferece a salvação a todos, indistintamente de qualquer condição ou situação de vida.

O que garante que uma comunidade se una à grande Igreja que ultrapassa os tempos e se repropõe a todas as épocas, lugares e culturas é a sua fé "apostólica", ou seja, a unidade à tradição apostólica que não conheceu interrupção em perfeita continuidade histórica entre a Igreja fundada por Jesus Cristo e a Igreja dos nossos tempos. A fé da Igreja é a mesma transmitida pelos apóstolos de Jesus, que viveram com Ele e foram testemunhas dos gloriosos eventos de sua morte e ressurreição, conforme testemunha Paulo, falando de um Evangelho que ele mesmo recebeu (1Cor 15,3ss) e o documento do Concílio Vaticano II sobre a Revelação Divina, a "Dei Verbum" ("Verbo de Deus") n. 19.

A comunidade que Jesus pastoreia, que é "una, santa, católica e apostólica", pode ser identificada pelos 5 componentes:

1. **Ensino ou *DIDASKALIA*:** é a instrução dada pelos Apóstolos sobre a vida e a missão de Cristo para gerar a fé. O discípulo missionário aprende pela pregação ou *didaskalia*, momento no qual a comunidade se encontra para acolher o ensino da fé.

2. **Testemunho ou *MARTYRIA*:** é o testemunho de fidelidade a Cristo dado pelos Apóstolos, os discípulos missionários. O discípulo missionário testemunha o que aprendeu da Palavra, tornando-se sinal de transformação das realidades.

3. **Celebração ou *LITURGIA*:** é celebração memorial que atualiza a entrega de Jesus, para a glória do Pai e que santifica o discípulo missionário. O discípulo missionário celebra aquilo que aprendeu da Palavra e de que dá testemunho. Aqueles que foram ensinados pela Palavra e a ela aderiram reúnem-se em Comunidade para celebrar o Senhor, mantendo e consolidando sua fé.

4. **Serviço ou *DIAKONIA*:** é o serviço do discípulo missionário para transformar uma realidade pelos valores do Evangelho. O discípulo missionário se coloca a serviço a partir daquilo que aprendeu, testemunhou e celebrou.

5. **Vida fraterna ou *KOINONIA*:** é a comunhão, a participação que educa o discípulo missionário para a vida fraterna na comunidade, como sinal do amor de Deus para o mundo.

Esses 5 componentes estão intimamente ligados uns aos outros porque desenvolvem um processo de encontro com Jesus, que inicia no aprendizado (*didaskalia*), passa pelo testemunho do que foi aprendido (*martyria*), prossegue com a celebração deste aprendizado testemunhado (*Liturgia*), gerando o serviço do cristão (diaconia), que é sustentado pela vida fraterna (*koinonia*).

Depois do estudo do texto, procure rezar, meditar e vivenciar a Palavra, preparando-se para o Encontro.

ENCONTRO DE *DIAKONIA* (SERVIÇO)

Diakonia é o serviço do discípulo missionário para transformar uma realidade mediante os valores do Evangelho.

1 - ESPIRITUALIDADE

Sejam bem-vindos. Vocês perceberam o que está escrito no cartaz pendurado no espaço de entrada da porta?

(deixar que falem)

Jesus se apresentou como a "porta das ovelhas".

Entenderemos porque Jesus disse isso, compreendendo o significado de uma porta.

A porta tem algumas finalidades. Uma delas é dar acesso para uma nova realidade, passar de fora para dentro. Ela permite o acesso de quem é bem-vindo, protegendo-o dos perigo, abrigando-o, e pode impedir o ingresso de estranhos.

Por isso Jesus afirma que Ele é a porta. Como Bom Pastor, é Ele que dá acesso às ovelhas e determina quem deve ficar longe do rebanho.

Na alegria de sabermos que Jesus é a porta que nos dá acesso ao relacionamento com o Pai e os irmãos, vamos nos preparar para receber a Palavra de Deus.

a) Entronização da Palavra

(Combinar previamente com um catequizando para entrar com a Palavra pela porta que está com o cartaz e colocar a Bíblia num lugar de destaque. Outro catequizando entra com a imagem do Bom Pastor e fica segurando-a no centro da sala.)

Canto: "Sou Bom Pastor" (Waldeci Farias)

Sou bom pastor, ovelhas guardarei,
Não tenho outro ofício nem terei,
Quanta vida eu tiver eu lhes darei.

Maus pastores, num dia de sombra
não cuidaram, e o rebanho se perdeu.
Vou sair pelo campo reunir o que é meu,
conduzir e salvar.

b) Leitura Orante:

Coloquemo-nos numa posição favorável para a experiência da Leitura Orante. *(instante)*

- Olhemos para a imagem de Jesus, o Bom Pastor.
- Apaziguemos nosso coração, lançando-nos na misericórdia que brota do aconchego nos braços de Jesus. *(instante)*
- Sintamo-nos junto do coração amoroso de Jesus, que restaura nossas forças e nos dá descanso.
- Fechemos um instante os olhos, respirando tranquilamente.
- Procure repetir por três vezes no silêncio do seu coração as palavras de Jesus: "Eu sou o bom pastor. O bom Pastor dá a sua vida pelas suas ovelhas". (Jo 10,11)
- Com seus olhos fechados, ouça o texto bíblico de Lc 15,4-7. *(Ler pausadamente.)*

1) Neste primeiro momento da Leitura Orante, abra seus olhos e pergunte-se: "o que diz o texto bíblico?".

   Alguns catequizandos podem repetir espontaneamente a Palavra que permaneceu em seu coração, sendo fiéis ao que ouviram. É momento de repetir apenas a Palavra do texto que caiu em nosso coração e ficou ecoando.

   (Instante para repetirem uma palavra do texto.)

2) Meditar a Palavra é o segundo passo da Leitura Orante. Ouçamos novamente a leitura do texto bíblico.

   Ao ouvir a Palavra, pergunte-se: "o que Deus me diz por esta Palavra?".

(Ler novamente o versículo bíblico e deixar que os catequizandos se expressem espontaneamente.)

3) O terceiro passo é momento para responder a Deus. Ele falou com você, agora você poderá expressar uma prece de louvor, de súplica ou de agradecimento. Com uma palavra, expresse o que você deseja dizer a Deus.

(Instante para que alguns se expressem espontaneamente.)

4) No quarto passo de nossa Leitura Orante, escolha uma atitude para que você possa praticar aquilo que rezou, levando a oração para a vida.

(Respeitar um breve momento de silêncio para que pensem no compromisso; depois, todos cantam.)

Canto: "Eu quero entender melhor"

O mundo ainda vai viver, tua Palavra, tua Palavra, tua Palavra de amor. (2 vezes)

2 - REFLEXÃO

Jesus Ressuscitado está presente na sua Igreja, afinal Ele é o Bom Pastor, que continua pastoreando suas ovelhas.

A comunidade que Jesus pastoreia pode ser identificada mediante alguns componentes.

a) Ensino ou ***DIDASKALIA***:

Didaskalia é a instrução dada pelos Apóstolos sobre a vida e a missão de Cristo para gerar a fé.

O discípulo missionário aprende pela pregação ou didaskalia, momento no qual a comunidade se encontra para acolher o ensino da fé.

b) Testemunho ou ***MARTYRIA***:

Martyria é o testemunho de fidelidade a Cristo dado pelos Apóstolos, os discípulos missionários.

O discípulo missionário testemunha o que aprendeu da Palavra, tornando-se sinal de transformação das realidades.

c) Celebração ou ***LITURGIA***:

Liturgia é celebração memorial que atualiza a entrega de Jesus, para a glória do Pai e que santifica o discípulo missionário.

O discípulo missionário celebra aquilo que aprendeu da Palavra, da qual dá testemunho. Aqueles que foram ensinados pela Palavra e a ela aderiram reúnem-se em comunidade para celebrar o Senhor, mantendo e consolidando sua fé.

d) Serviço ou ***DIAKONIA***:

A *Diaconia* é o serviço do discípulo missionário para transformar uma realidade mediante os valores do Evangelho.

O discípulo missionário se coloca a serviço, a partir daquilo que aprendeu, testemunhou e celebrou.

e) Vida fraterna ou **KOINONIA**:

A *koinonia* é a comunhão, a participação que educa o discípulo missionário para a vida fraterna na comunidade, como sinal do amor de Deus para o mundo.

Estes cinco componentes estão intimamente ligados uns aos outros porque desenvolvem um processo de encontro com Jesus, que inicia no aprendizado (*didaskalia*), passa pelo testemunho do que foi aprendido (*martyria*), prossegue com a celebração deste aprendizado testemunhado (*Liturgia*), gerando o serviço do cristão (diaconia), que é sustentado pela vida fraterna (*koinonia*).

Olhemos para o organograma e percebamos esse processo:

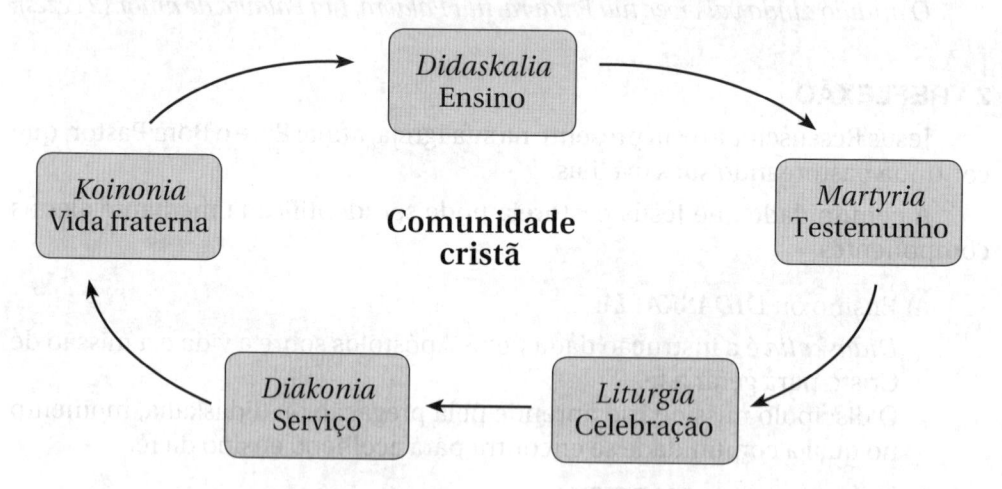

```
         Didaskalia
          Ensino

Koinonia              Martyria
Vida fraterna  Comunidade  Testemunho
                cristã

         Diakonia    Liturgia
         Serviço    Celebração
```

Todos: Este processo identifica a comunidade cristã que Jesus pastoreia. Por meio dele, a Igreja forma novos discípulos missionários.

Catequista: Vocês já devem ter percebido que nossos encontros desenvolvem este processo. A Igreja deseja formar em nós um coração de discípulo missionário, que se deixa ensinar sempre, que torna a fé o seu testemunho de vida, que serve aos irmãos, que celebra na comunidade e que também sente-se chamado a participar da vida fraterna.

3 - RECONHECIMENTO PASTORAL

Para que este processo permeie nosso coração, precisamos nos colocar na dinâmica da comunidade de Jesus Bom Pastor.

As pastorais são uma forma de educar nosso coração para o serviço.

No encontro 4 fomos enviados, dois a dois, para fazer um reconhecimento pastoral mediante o preenchimento de uma tabela.

Agora, a partir do que vocês anotaram na tabela do manual, teremos condições de preencher com mais segurança a árvore que representa nossa comunidade.

Retomando o encontro 4, cada dupla vai nos dizer o nome das duas pastorais que pesquisaram e relatar um pouco do que descobriram com a pesquisa. *(Organizar a ordem da apresentação das duplas.)*

Conforme as duplas forem falando, vamos preenchendo os frutos da árvore, colocando o nome da pastoral apresentada e, ao lado do fruto, uma indicação do serviço que ela realiza.

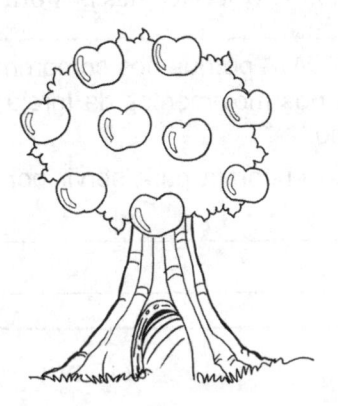

4 - FRUTOS DO ESPÍRITO NA NOSSA VIDA:

Ouçamos a "História das ferramentas":

Contam que, uma vez, numa carpintaria, realizou-se uma estranha assembleia. Foi uma reunião de ferramentas para acertar suas diferenças.

O martelo assumiu a presidência, mas os participantes não permitiram, dizendo que ele teria que renunciar. A causa? Fazia demasiado barulho e, além do mais, passava todo o tempo golpeando. O martelo aceitou sua culpa, mas pediu que também fosse expulso o parafuso, alegando que ele dava muitas voltas para conseguir algo.

Diante do ataque, o parafuso concordou, mas, por sua vez, pediu a expulsão da lixa. Reclamava que ela era muito áspera no tratamento com os demais, entrando sempre em atritos.

A lixa acatou a decisão, mas sugeriu que teriam de expulsar o metro, que sempre media os outros segundo a sua medida, como se fosse o único perfeito.

Nesse momento entrou o carpinteiro, juntou o material e iniciou o seu trabalho. Utilizou o martelo, a lixa, o metro e o parafuso. Finalmente, a rústica madeira se converteu num fino móvel.

Quando a carpintaria ficou novamente só, a assembleia reativou a discussão. Foi então que o serrote tomou a palavra e disse: "Senhores, ficou demonstrado que temos defeitos, mas o carpinteiro trabalha com nossas qualidades, com nossos pontos valiosos. Assim, não vamos nos fixar em nossos pontos fracos, mas concentremo-nos em nossos pontos fortes".

A assembleia entendeu que o martelo era forte, o parafuso unia e dava força, a lixa era especial para limar e afinar asperezas e o metro era preciso e exato. Viram-se então como uma equipe capaz de produzir móveis de qualidade. Sentiram alegria pela oportunidade de trabalhar juntos.

Conclusão: Esta história nos ajuda a entender que, apesar da diversidade que existe numa comunidade, Deus pode realizar obras bonitas com quem se coloca em suas mãos mediante o serviço nas pastorais.

Este encontro é de *DIAKONIA* porque nos compromete em colocar a vida a serviço nas pastorais ou nos movimentos da Igreja a fim de transformar as realidades pelo Evangelho.

Como este encontro me encoraja para servir por meio de uma pastoral?

_____

_____

---

5 - MISSÃO:

Cada dupla vai ter uma missão muito especial: voltar em cada pastoral pesquisada e convidar um dos membros para apresentar um pouco mais de sua pastoral a toda a turma no encontro 14.

Orientem o convidado da pastoral ou movimento para trazer um símbolo da pastoral e um cartãozinho com horário de funcionamento para cada catequizando da turma (*sugestão de cartão – ver Anexo*).

Preparem um convite para levar aos membros das pastorais (*no Anexo há um modelo, que pode ser preenchido e recortado*).

10º Encontro
A Igreja hoje, povo de Deus em missão

Expectativa para o encontro:

- Perceber que a Igreja, povo de Deus, é chamada a estar "em saída".
- Promover a *koinonia* pela simbologia utilizada para celebrar os santos das festas juninas.

Providenciar:

- balões, bandeirinhas, estrutura da fogueira
- pipoca e outras comidas típicas de festa junina
- rádio
- CDs de músicas apropriadas para festa junina (quadrilha)
- 4 envelopes com explicações, que devem ser colocados junto com os seguintes elementos: balões, fogueira de São João, bandeirinhas, pipoca (*recortar do Anexo as explicações a serem colocadas dentro dos envelopes*)

Ambiente:

- Este encontro deve ser realizado num ambiente grande e seguro, preferencialmente diferente do local habitual dos encontros.
- Preparar o ambiente com os elementos indicados, típicos de festa junina.
- Colocar os quatro envelopes nos respectivos elementos: balões, fogueira, bandeirinhas e pipoca.

Formando e preparando o catequista para o encontro

A Igreja, povo de Deus, é por natureza missionária. O Papa Francisco, em sua Exortação Apostólica "Evangelli Gaudium" (A Alegria do Evangelho), motiva-nos a acentuar o rosto missionário da Igreja para o mundo, "sendo uma Igreja mais próxima das pessoas, âmbito de viva comunhão e participação, orientando tudo para a missão" (EG 28).

A Igreja, movida pela força e auxílio do Espírito Santo, é encorajada a abrir-se e a sair de si para procurar os homens e as mulheres do nosso tempo, de todos os povos e culturas, e junto deles anunciar e ser testemunha de Cristo e da salvação que Ele nos trouxe. "Procuremos voltar à fonte e recuperar o frescor original do Evangelho", trilhar "novas estradas, métodos criativos outras formas de expressão, sinais mais eloquentes, palavras cheias de significado para o mundo atual" (EG 11).

A Igreja, servidora da humanidade, cumpre sua missão saindo de si para ir ao encontro das pessoas por caminhos novos, tornando-se profética na sociedade, uma Igreja acolhedora e missionária, num movimento de sístole e diástole, tal qual o movimento de um coração misericordioso, afinal a "misericórdia é a viga mestra da Igreja" (MV 10).

A Igreja missionária é anunciadora do Evangelho de Jesus Cristo e realiza sua missão por meio de ações pastorais, sociais e de promoção humana. Nestas ações a Igreja precisa sempre discernir os sinais dos tempos, superando o perigo de uma ação meramente de conservação, de assistencialismo ou de manutenção pastoral, passando para uma ação missionária, profética, transformadora da realidade a serviço da vida plena.

O apelo do Papa para sermos uma "Igreja em saída", traz junto de si uma certeza que nos enche de esperança: a evangelização é obra de Deus, na qual o homem é chamado a cooperar! "Em qualquer forma de evangelização, o primado é sempre de Deus, que quis chamar-nos para cooperar com Ele e impelir-nos com a força do seu Espírito. A verdadeira novidade é aquela que o próprio Deus misteriosamente quer produzir, aquela que Ele orienta e acompanha de mil maneiras" (EG 12).

Precisamos ter sempre em mente que a atividade missionária representa o máximo desafio para a Igreja; é o objetivo de toda a obra da Igreja e ao mesmo tempo "a fonte das maiores alegrias para a Igreja" (EG15).

Depois do estudo do texto, procure rezar, meditar e vivenciar a Palavra, preparando-se para o Encontro.

ENCONTRO DE *KOINONIA* (VIDA FRATERNA)

Koinonia é comunhão, participação, que educa o discípulo missionário para a vida fraterna na comunidade.

1 - ACOLHIDA

Sejam bem-vindos. Hoje nosso encontro é de *koinonia*, para estimular um dos componentes da comunidade pastoreada por Jesus Bom Pastor, que é a vida fraterna. Ela ajuda a formar o coração do discípulo da "Igreja em missão".

Pela simbologia utilizada para celebrar os santos das festas juninas, compreenderemos alguns elementos da nossa fé, além de experimentarmos a convivência fraterna.

O que vocês já ouviram falar sobre essas festas? *(deixar que falem)*

As festas juninas são celebrações que possuem elementos religiosos, pois nelas fazemos a memória dos santos da Igreja.

Junho e julho são meses ricos em histórias da vida de santos:

- Dia 13 é a festa de Santo Antônio, um dos santos mais populares da Igreja, um grande pregador, conhecido popularmente como "santo casamenteiro", porque ajudou uma noiva a conseguir o dinheiro necessário para o seu casamento, ou seja, o dote.
- São João é comemorado no dia 24 de junho. Ele é primo de Jesus e é filho de Isabel e Zacarias. João era batizador nas comunidades, por isso ficou conhecido como "João Batista", batizador.
- Dia 29 de junho é dia de São Pedro, pedra viva sobre a qual Jesus quis edificar sua Igreja (Mt 16,18); tornou-se o primeiro Papa. No mesmo dia celebramos também São Paulo, grande missionário.

2 - INTERAGINDO COM CRIATIVIDADE

Já que hoje estamos em clima de convivência e vida fraterna, vamos formar trios para uma brincadeira.

(Acompanhar a organização dos trios, lembrando que uma pessoa não fará parte dos trios.)

Dinâmica do Terremoto: *(orientada pelo catequista)*

Objetivo: Perceber que a Igreja, por meio dos seus membros, o povo de Deus, precisa estar perto e acolher a todos, não deixando ninguém de fora.

1) No trio, duas pessoas se darão as mãos, levantando-as para o alto, formando uma casa – são as paredes. E uma pessoa ficará dentro, no meio da casa, como morador.

2) Vou dar três tipos de comando. Vamos entender o que faremos em cada um:

Quando eu disser MORADOR: apenas os moradores trocam de "casas", devem sair de uma "casa" e ir para a outra. As paredes devem ficar no mesmo lugar. A pessoa que não está ligada a nenhum trio deve sempre tentar entrar em alguma "casa".

Quando eu disser PAREDE: dessa vez só as paredes trocam de lugar, os moradores ficam parados. Obs.: As paredes devem trocar os pares.
Assim como no comando anterior, a pessoa que não estava ligada a nenhum trio deve tentar entrar.

Quando eu disser TERREMOTO: Todos trocam de lugar, quem era parede pode virar morador e vice-versa. Obs.: NUNCA dois moradores poderão ocupar a mesma casa, assim como uma casa também não pode ficar sem morador.
No desenvolvimento desta dinâmica, perceberemos que uma pessoa sempre ficará desabrigada.

(desenvolver a dinâmica)

3) Vamos refletir sobre a experiência que fizemos:
Como se sentiram os que ficaram sem casa? *(deixar que falem)*
Como se sentiram os que eram parede ao perceber o que acontecia? *(deixar que falem)*
E os que estavam abrigados, o que sentiam? *(deixar que falem)*
O que esta experiência nos ensina sobre a vida de uma comunidade, a Igreja? *(deixar que falem)*

Conclusão: A Igreja é a comunidade do povo de Deus, chamada para acolher a todos e ao mesmo tempo precisa estar "em saída", indo ao encontro de todos, evitando que alguém se sinta excluído ou fique de fora.

3 - PARTILHANDO OS DONS – APRESENTAÇÕES

Para promover ainda mais a nossa convivência no encontro de hoje, vamos formar quatro grupos.

Cada grupo vai procurar um dos elementos que eu disser, encontrando nele um envelope com a explicação sobre o símbolo.

Elementos: balões, fogueira, bandeirinhas, pipoca.

Um grupo de cada vez deverá abrir o envelope e ler para nós.

(dirigir o momento)

> Este encontro é de *KOINONIA*, porque nos proporcionou a experiência da comunhão, da vida fraterna.
>
> Como este encontro me motivou para melhor participar da minha comunidade?
>
> _____
>
> _____

4 - CONFRATERNIZAÇÃO

Iniciemos a festa, celebrando a alegria de pertencer a uma comunidade como discípulos missionários.

(Havendo um número suficiente de catequizandos, motivar para que formem uma quadrilha, utilizando a criatividade.)

As festas juninas eram uma ocasião para agradecimento aos santos, a quem as pessoas rezavam para obter uma boa colheita. Após a colheita, aproveitavam a fartura dos "celeiros cheios" para realizar a festa do casamento de seus filhos, trazendo o padre e fazendo o baile: as quadrilhas com o casamento caipira.

(momento de confraternização)

5 - PARTILHANDO EM FAMÍLIA

Recorte do Anexo as imagens dos balões, da fogueira, das bandeirinhas, da pipoca e da quadrilha, montando a imagem de uma festa junina.

Em seguida leiam, de forma alternada, as explicações a seguir, sobre o significado religioso dos elementos que compõem a festa junina:

Leitor 1: As festas juninas são celebrações que possuem elementos religiosos, pois nelas fazemos a memória dos santos da Igreja. Vamos entender alguns destes elementos:

Leitor 2: Os balões sobem ao serem aquecidos pelo "fogo". Também nós, como balões, precisamos nos deixar aquecer pelo calor de Deus, para alcançarmos as coisas do alto.

Leitor 3: A fogueira de São João remete-nos a uma tradição bastante antiga na qual Zacarias e Isabel, grávida de João Batista, ao se despedirem na visita que Maria fez a Isabel, prometeram dar um sinal quando João nascesse, e a fogueira foi o sinal luminoso, indicando a "misericórdia de Deus" (significado do nome "João").

Leitor 1: As bandeirinhas são uma forma de erguer a bandeira da santidade, dando glória a Deus. Suas cores manifestam a alegria de quem vive na amizade com Deus.

Leitor 2: A pipoca, semente dura e áspera, que até fere, ao passar pelo óleo e pelo fogo transforma-se. Uma realidade nova brota de dentro para fora. A vida dos santos, e também a nossa, se comparada com a semente do milho da pipoca, transforma-se quando ungida com o óleo do Espírito Santo e aquecida pelo fogo de Deus.

Leitor 3: Quadrilha com casamento caipira. As festas juninas eram uma ocasião para agradecimento aos santos, a quem se rezava para obter uma boa colheita. Após a colheita, a fartura dos "celeiros cheios" era motivo para se realizar os bailes nas festas de casamento, com a presença do padre.

3ª Unidade
O Espírito Santo unge os discípulos na Igreja para continuarem a missão de Jesus hoje

11º Encontro
O Espírito Santo unge o discípulo para anunciar a Boa-Nova aos pobres

Expectativa para o encontro:

- Perceber que a unção do Espírito Santo nos é dada na Crisma para anunciar a Boa-Nova aos pobres.
- Aprender que o discípulo missionário foi ungido para ter gestos concretos em favor dos menos favorecidos.

Providenciar:

- Bíblia
- vaso de flores
- uma pedra para cada catequizando
- 5 pedras grandes – cada uma com um papel colado com uma das frases a seguir: anunciar a boa-nova aos pobres; remissão dos pecados; proclamar aos cegos a recuperação da vista; restituir a liberdade aos oprimidos; proclamar um ano da graça do Senhor.
- frasco com óleo (perfumado) para derramar nas pedras
- um recipiente para colocar as 5 pedras grandes
- estante da "Gratuidade" com os elementos nela indicados e as plaquinhas indicando o significado de cada elemento. (Ver no número 3 a atividade "A loja que vende tudo")

Ambiente:

- Preparar a sala de encontro com cadeiras em semicírculo.
- Preparar a mesa com a Palavra de Deus e vaso de flores.

Formando e preparando o catequista para o encontro

Somos membros do povo de Deus; desde o Batismo fomos inseridos na comunidade cristã, o grupo de pessoas que, no Corpo Místico de Cristo, vive como irmãos, formando o povo da nova aliança (CIC, n. 1267). A este povo dá-se o nome de Igreja (*Lumen Gentium*, n. 13), por ser um povo chamado por Deus para ser um sacramento visível da unidade, em Cristo, para o bem e salvação de todos (LG, n. 09).

A Igreja Católica Apostólica Romana foi convocada por Deus para "SER" e também "AGIR" em Cristo. É vida (SER), mas também, é missão (AGIR). São duas ações intimamente ligadas e dependentes uma da outra, pois Jesus mesmo nos diz: "Vamos a outros lugares, às aldeias da redondeza! Devo pregar também ali, pois foi para isso que eu vim" (Mc 1,38). A vida de Cristo é a vida de todo cristão, assim como sua missão é a missão de todos os discípulos.

A Igreja não pode ser somente "o lugar" onde gosto de estar pelas alegrias que ela me oferece, ou um "pronto-socorro espiritual", ao qual recorro apenas quando preciso de ajuda. A Igreja é uma comunidade servidora, para que outros experimentem e vivam a alegria cristã no mundo. É uma comunidade missionária, que leva a todos a notícia de que o Reino de Deus está entre nós (Lc, 17,21), comunicando para todos que Cristo alivia o peso dos ombros do ser humano cansado ou oprimido (Mt 11,28).

A Crisma é uma unção indispensável, ela completa a Iniciação à Vida Cristã, capacitando o cristão para que ele seja testemunha das coisas boas da parte de Deus que alegram a humanidade, de modo especial, o anúncio do discípulo alegra o coração dos pobres, ou seja, aqueles menos favorecidos, excluídos, discriminados ou sofredores. O discípulo missionário crismado acolhe, levando esperança e ações concretas àqueles "que a sociedade descarta, que ninguém emprega, que ninguém cuida, que têm fome, que estão nus, que não têm lar" (Texto Base CF 2015, n. 251).

O cristão é discípulo na medida em que ouve e aprende com seu Mestre, tornando-se missionário da Boa-Nova. Não busca o Sacramento da Confirmação como manutenção, ou como uma tradição familiar, mas deseja viver o que este Sacramento verdadeiramente significa: unção que fortalece a missão do discípulo de anunciar a Boa-Nova aos pobres.

Ser ungido, sob a luz da fé católica, é receber a autoridade para realizar a missão. A unção é o sinal visível do Sacramento da Crisma (óleo aplicado na fronte de quem está sendo crismado), porém a graça invisível é a recepção do Espírito Santo. Ele é a unção e a força do discípulo missionário, enviado em unidade com a Igreja, para o anúncio da Boa-Nova (Mc 16,15).

A Catequese é um tempo privilegiado da experiência do encontro com Cristo, tempo forte de ensino e aprendizado para viver a unção recebida em vista da missão de anunciar a Boa-Nova aos pobres. E você, catequista, é testemunha de que "a alegria do Evangelho enche o coração e a vida inteira daqueles que se encontram com Jesus" (EG, n. 01).

(*Lumen Gentium* – significa "luz dos povos". Trata-se de uma Constituição Dogmática sobre a Igreja, que se encontra no Compêndio do Concílio Vaticano II).

Depois do estudo do texto, procure rezar, meditar e vivenciar a Palavra, preparando-se para o Encontro

ENCONTRO DE *DIDASKALIA* (ENSINO):

Didaskalia é a instrução dada pelos Apóstolos sobre a vida e missão de Cristo para gerar a fé.

(O catequista recebe os catequizandos dando boas-vindas e fazendo o sinal da cruz em cada um.)

Fiz este gesto para lembrar que ele aconteceu também no dia do nosso Batismo, quando fomos ungidos pelo Espírito Santo – sinal de nossa "pertença a Deus".

Para fortalecer este sinal, vamos rezar a oração do Espírito Santo:

"Vinde Espírito Santo, enchei os corações dos vossos fiéis e acendei neles o fogo do vosso amor. Enviai o vosso Espírito e tudo será criado e renovareis a face da terra."

Oremos: Deus, que instruístes os corações dos vossos fiéis com a luz do Espírito Santo, fazei que apreciemos retamente todas as coisas segundo o mesmo Espírito e gozemos sempre da sua consolação. Por Cristo, Senhor nosso. Amém.

1 - LEITURA ORANTE

(conduzida pelo catequista)

Ler o texto: Lc 4, 16-21

1) Vamos **recordar** o texto:

Este texto nos diz que:

– Jesus entrou na sinagoga e levantou-se para fazer a leitura.

– Entregaram-lhe o livro do profeta Isaías. Ele desenrolou o livro e leu o texto que diz:

"O Espírito do Senhor está sobre mim, porque Ele me ungiu para anunciar a boa-nova aos pobres; enviou-me para proclamar remissão dos pecados e para proclamar aos cegos a recuperação da vista, para restituir a liberdade aos oprimidos, e para proclamar um ano da graça do Senhor."

– Jesus sentou e todos ficaram olhando para Ele. Ele disse: Hoje se cumpriu essa passagem da Escritura.

2) Vamos **descobrir** o que Deus está nos dizendo através desta Palavra:
(Apresentar aos catequizandos as 5 pedras com as frases.)
Olhe para estas pedras. Elas têm muitas irregularidades. Agora observem o gesto que farei *(derramar óleo nas pedras)*. A unção deixa as pedras mais brilhantes, menos irregulares.

Coloque suas mãos sobre suas pernas, abaixe sua cabeça e feche seus olhos.

Coloque-se nesta cena com Jesus e os discípulos...

Imagine Jesus desenrolando a Palavra de Deus. No anúncio da Palavra, Deus conta com a colaboração de cada um de nós. Relembre as pedras que vimos. Somos as pedras vivas da Igreja. Sinta o óleo sendo derramado em você. Assim como Jesus foi ungido pelo Espírito Santo, hoje você recebe esta unção para também anunciar a boa-nova aos pobres; proclamar a remissão dos pecados, proclamar aos cegos a recuperação da vista, para restituir a liberdade aos oprimidos e para proclamar um ano da graça do Senhor.

Ouça Jesus dizendo sobre você – Hoje se cumpre em ti, discípulo amado, o projeto do Pai, vem ser meu seguidor, meu discípulo missionário.

3) Neste momento vamos **partilhar** 2 a 2 expressando ao seu amigo o que você sente vontade de dizer a Deus sobre esta Palavra...

4) Antes de encerrarmos a oração, é hora de se **comprometer**. Coloque a mão em seu coração, feche seus olhos e escolha uma atitude para tornar a sua oração um gesto concreto nesta semana.

(Entregar uma pedra a cada catequizando.)

Escreva na pedra a atitude que se comprometeu a realizar e guarde-a para não esquecer seu compromisso com o Senhor.

2 - FATO DA VIDA (Jesus no meio de nós)

Objetivo: Perceber a presença de Jesus nas situações concretas da vida.

1) Aqueles que estão cheios do Espírito Santo evangelizam os outros. Identifique algumas pessoas que, como pedras vivas da Igreja, cheias da unção do Espírito Santo, espalham a Palavra de Deus por onde passam. Procure relembrar um fato no qual você aprendeu algo sobre Jesus por meio destas pessoas, principalmente em algum momento de dificuldade. Tente lembrar a mensagem que você ouviu dessa pessoa. Aqueles que

quiserem poderão, espontaneamente, partilhar sua experiência. *(deixar que falem)*

2) Por que algumas pessoas oferecem resistência para a Palavra de Deus?

O que há no coração destas pessoas que as tornam como pedras impermeáveis, impedindo que Deus penetre em seus corações, como o óleo? Por que essas pessoas só causam atritos no meio onde vivem? *(deixar que falem)*

3) Que tipo de pedra você quer ser? Como concretamente poderá realizar esse seu desejo? *(deixar que falem)*

3 - REFLEXÃO

A Crisma é uma unção indispensável, ela completa a Iniciação à Vida Cristã, capacitando o cristão para que ele seja testemunha das coisas boas da parte de Deus que alegram a humanidade, de modo especial, o anúncio do discípulo alegra o coração dos pobres, ou seja, aqueles menos favorecidos, excluídos, discriminados ou sofredores. O discípulo missionário crismado acolhe, levando esperança e ações concretas àqueles "que a sociedade descarta, que ninguém emprega, que ninguém cuida, que têm fome, que estão nus, que não têm lar" (Texto Base CF 2015, n. 251).

Na realidade atual há muitas pessoas que sofrem necessidades e carências de todo tipo. Vivem na pobreza e na exclusão. Como discípulos missionários, chamados a levar a Boa-Nova aos pobres, não podemos ficar indiferentes.

Vamos ouvir o texto bíblico de Mt 25,34-40 e perceber como Jesus espera que os cristãos ajam diante das pessoas que sofrem.

(O catequista lê o texto pausadamente.)

A loja que vende tudo

Imagine-se entrando numa grande loja e se deparando com uma estante com a placa: GRATUIDADE. Escolha da estante 5 produtos que serviriam para montar seu *"Kit* discípulo missionário", com os quais você poderia ajudar as pessoas, como Jesus pediu:

(O catequista pode montar a estante com os itens apresentados e escrever uma plaquinha com o sentido de cada item, estimulando os catequizandos a passarem por ela, escolhendo e pegando os itens, para montar o seu kit *ou pode apresentar a estante do manual e pedir que preencham na imagem da cesta os itens escolhidos.)*

ESTANTE DA GRATUIDADE

Pão	Chave	Cola	Cruz
Para partilhar. Não temos nem ouro nem prata, damos o que temos e o que somos. A comunidade cristã partilha seus bens materiais e humanos para atender aos que sofrem com a pobreza, material ou espiritual.	Para abrir as portas que se encontram fechadas aos pobres e necessitados, os últimos e desamparados de nossa sociedade.	Para recompor o que se rompeu dentro das pessoas por culpa da marginalização, da pobreza, do desprezo, do viver em ambientes carentes, em famílias desestruturadas.	A cruz do Ressuscitado, que venceu a morte pelo Amor para que todos tenham vida em abundância.
Lâmpada	**Lápis**	**Guarda-chuva**	**Colher**
Para iluminar tantas realidades de pobreza e para que nenhuma carência passe despercebida, nem caia no esquecimento.	Para ajudar e reescrever histórias de vidas que estavam rompidas, perdidas, jogadas e agora que voltaram a viver, se tornaram testemunhas de esperança.	Para oferecer proteção, acolhida e espaços de convivência onde as pessoas que viviam na exclusão se sintam em família, protegidas, inseridas e possam crescer, recuperando sua dignidade.	Para alimentar física, psicológica e espiritualmente aos que não têm nada, permitindo que vivam com dignidade.
Clipes	**Bíblia**	**Lenço de papel**	**Celular**
Para que as pessoas que sofrem necessidade ou qualquer problema sintam-se unidas, acompanhadas pela Igreja. Para que não se sintam sozinhas, mas sim assistidas.	Para apresentar o alimento da alma, ensinando a viver e encarnar cada dia a Palavra de Deus. "Nem só de pão vive o homem, mas de toda palavra da boca de Deus".	Para enxugar as lágrimas dos que sofrem, para consolar os que estão enfrentando dificuldades, para que sintam que sua dor tem importância para os cristãos.	Para ser sempre localizado e estar disponível diante de qualquer necessidade, urgência ou problema que possa surgir com os irmãos menos favorecidos, vivendo sempre a serviço.

Borracha	Tesoura	Grampeador	Microfone
Para apagar as injustiças, a pobreza, a marginalização que há em nossa sociedade.	Para cortar as injustiças, para cortar os nós que mantêm muitas pessoas na pobreza e na marginalização.	Para reintegrar na sociedade, na comunidade, as pessoas excluídas, as pessoas que vivem à margem, dando-lhes possibilidade de um trabalho e um grupo humano que os acolha.	Para dar voz e vez aos que são desconsiderados pela sociedade, a fim de que possam apresentar suas preces, reinvidicações e propostas de uma sociedade mais justa e fraterna.

Escrever, nos círculos do desenho abaixo, os itens que você escolheu para montar seu "Kit Discípulo Missionário":

Kit Discípulo Missionário

O Catecismo da Igreja Católica, no número 544, nos ensina que:

O Reino pertence aos pobres e aos pequenos, isto é, aos que o acolheram com um coração humilde. Jesus é enviado para "anunciar a Boa-Nova aos pobres" (Lc 4, 18). Declara-os bem-aventurados, pois "deles é o Reino dos céus" (Mt 5, 3). Aos "pequenos" o Pai se dignou revelar o que permanece escondido aos sábios e aos entendidos. Jesus compartilha a vida dos pobres, desde a manjedoura até à cruz; conhece a fome, a sede e a indigência. Mais ainda: identifica-se com os pobres de todos os tipos, e faz do amor ativo para com eles a condição para entrar em seu Reino.

Este encontro é de *DIDASKALIA*, porque nos ensina sobre a vida e a missão de Jesus através da instrução dos apóstolos. O que este encontro te ensinou hoje?

_____

_____

_____

4 - ORAÇÃO FINAL:

Vamos rezar, colocando diante de Deus o que aprendemos neste encontro:

– Alguns catequizandos podem ler aquilo que aprenderam no encontro de hoje. *(Tempo para que leiam)*

– Quais os elementos que vocês escolheram para montar o *kit* e como eles ajudam a ser "discípulos missionários" que anunciam a Boa-Nova aos pobres? *(Deixar que falem)*

Peçamos que o Espírito Santo nos dê a graça para vivermos o que aprendemos:

Oração ao Divino Espírito Santo:

Espírito Santo, dai-nos a força e a coragem para enfrentar o nosso dia a dia. Derramai sobre nós as bênçãos para termos mais fé e sabedoria, dando-nos discernimento em nosso modo de agir para com nossos semelhantes. Ajudai-nos para que sejamos mais acolhedores, servidores e humildes de coração.

Amém.

12º Encontro
O Espírito Santo unge o discípulo para proclamar a remissão dos pecados

Expectativa para o encontro:

- Entender o que é a remissão dos pecados.
- Conscientizar-se de que somos chamados a testemunhar a remissão do pecado.

Providenciar

- Cruz
- meio copo com água – escrito a palavra Eu
- meio copo com iodo – escrito a palavra pecado
- jarra pequena com água sanitária – escrito a palavra Jesus
- pano
- cartolinas, colas, tesouras, canetinhas – para disponibilizar aos grupos
- jornais e revistas atuais
- rádio
- CD com a música "Ninguém te ama como eu"

Ambiente:

- Preparar uma mesa com uma cruz para acolher os catequizandos.

Formando e preparando o catequista para o encontro

Faz parte da missão do cristão, além de anunciar a Boa-Nova aos pobres, também proclamar a remissão dos pecados. Segundo a Doutrina da Igreja Católica Apostólica Romana, a fé no perdão dos pecados está ligada à fé no Espírito Santo e, também, à fé na Igreja e na comunhão dos santos (CIC, n. 976).

Vamos compreender o significado da palavra remissão.

Remissão é reverter uma situação, cancelando uma dívida, ou condenação que antes pesava sobre alguém. Por exemplo: uma pessoa entra em situação da qual é incapaz de sair com suas próprias forças (um acidente, no qual fica presa nas ferragens), dependendo de um auxílio externo (o resgate, que a retira desta condição, salvando-a).

Quando o assunto é fé, remissão se relaciona diretamente com o pecado, aquilo que nos condena, deixando-nos em "dívida", afastando de Deus e dos irmãos. Nossos pecados foram remidos por Cristo, ou seja, Ele nos resgatou e libertou da condenação, oferecendo-nos a reconciliação plena e eterna com nosso Criador. O valor do nosso resgate foi a entrega de Jesus na cruz, em sua obediência ao Pai, derramando seu precioso sangue (1Pd 1,18).

Testemunhar esta verdade maravilhosa é missão dos discípulos missionários da Igreja, que precisam contar para quem ainda não sabe, ou talvez já esqueceu, ou ainda para quem não crê o suficiente, que Jesus nos resgatou do pecado. Esclarecer as pessoas sobre a misericórdia divina, neste gesto de amor sem limites de Cristo na Cruz, é uma grande obra de caridade que podemos praticar.

Jesus tirou o pecado do mundo e encarregou a sua Igreja (Jo 20,19-23), comunidade de discípulos missionários (*Documento de Aparecida*, 20), de anunciar a cada pessoa a oportunidade de ser incluída e de participar desta alegria imensa. A remissão dos pecados nos é comunicada "pelos sacerdotes, através dos sacramentos da Igreja, instrumentos mediante os quais nosso Senhor Jesus Cristo, único autor e dispensador da salvação, nos concede a graça da justificação".

Levar a todos, sem distinção de pessoas, a remissão dos pecados significa conduzi-los:

- Ao Batismo, com incentivo, entusiasmo, testemunho e acolhida de uma Igreja que "não é uma alfândega; é a casa paterna" (*Evangelli Gaudium*, 47).

- Ao sacramento da Confissão, incentivando-os a usufruírem deste gesto de amor, que é a misericórdia divina, por vezes banalizado, pouco procurado e até temido, que nos é comunicado através do ministro ordenado, o sacerdote.

A catequese tem a missão de dar a instrução necessária para o aprofundamento da fé nestas realidades, em vista de se viver a vida nova dos filhos de Deus.

É um privilégio para o discípulo missionário participar da missão de promover o encontro com Cristo, anunciando a remissão dos pecados, sem esquecer, ele próprio, de participar desta graça.

Depois do estudo do texto, procure rezar, meditar e vivenciar a Palavra, preparando-se para o Encontro

ENCONTRO DE *MARTYRIA* (TESTEMUNHO):

Martyria é o testemunho de fidelidade a Cristo dado pelos Apóstolos, os discípulos missionários.

1 - ACOLHIMENTO

(Acolher os catequizandos diante de uma cruz.)

Sejam bem-vindos. Vamos olhar para a cruz, sinal do imenso amor de Deus por nós!

Por que Jesus entregou sua vida morrendo na cruz? *(deixar que falem)*

Ouviremos uma música e, mantendo o olhar na cruz, em silêncio, refletiremos.

(O catequista coloca o CD na faixa da música "Ninguém te ama como eu")

A cruz é o sinal do grande amor de Deus por nós, um amor sem limites, capaz de ir até as últimas consequências para nos resgatar e remir do pecado.

Vamos compreender o significado da palavra remissão.

Remissão é reverter uma situação, cancelando uma dívida, ou condenação que antes pesava sobre alguém. Por exemplo: uma pessoa entra em situação da qual é incapaz de sair com suas próprias forças (um acidente, no qual fica presa nas ferragens), dependendo de um auxílio externo (o resgate, que a retira desta condição, salvando-a).

Quando o assunto é fé, remissão se relaciona diretamente com o pecado, aquilo que nos condena, deixando-nos em "dívida", afastando de Deus e dos irmãos. Nossos pecados foram remidos por Cristo, ou seja, Ele nos resgatou e libertou da condenação, oferecendo-nos a reconciliação plena e eterna com nosso Criador. O valor do nosso resgate foi a entrega de Jesus na cruz, em sua obediência ao Pai, derramando seu precioso sangue (1Pd 1,18).

2 - ESPIRITUALIDADE:

Ouviremos o discurso de Pedro em Atos 10,34-43, que nos convoca ao testemunho.

Quem desejar, pode fazer a leitura em voz alta para que todos ouçamos com atenção.

Questões para partilha: *(Após cada pergunta, deixar que falem)*
- O que mais chamou a atenção neste texto?
- Quem são as testemunhas de tudo que Jesus fez?
- A quem Jesus deu a missão de levar a boa-nova da remissão dos pecados para todo o povo?
- Quem deve continuar no mundo hoje o testemunho dos Apóstolos?

Vamos observar os gestos que farei:

Dinâmica: "Jesus nos remiu do pecado" *(orientada pelo catequista)*

a) Deus criou o ser humano com o coração cheio de amor, de paz, de perdão. *(Mostrar o copo escrito "EU" com água)*

b) Mas algo manchou o nosso coração. *(Pegar o copo "PECADO" – com iodo – e derramar aos poucos no copo "EU")*. O que mancha o nosso coração? *(deixar que falem e completar com egoísmo, brigas, inveja, preguiça, até que toda a água fique escura)*

c) Eu até posso tentar limpar por fora o coração, mas por dentro continuará sujo! *(pegar um paninho e limpar por fora o copo "EU")*. Será que essa água poderá voltar a ser limpa como antes? O que é preciso para reverter a situação e deixar nosso coração limpo novamente?

d) Nós não conseguimos limpar nosso pecado. Para reverter esta situação será preciso um redentor, alguém que possa nos remir do pecado, nos tirar desta situação.

Somente Deus pode limpar o nosso coração, Ele nos remiu, é o nosso Redentor!

Deus Pai, vendo que o pecado entrou no mundo, nos prometeu um Salvador! E Jesus veio ao mundo, entregou sua vida, morrendo por nós numa cruz. Derramou todo o seu sangue, mas ressuscitou ao terceiro dia para apagar todos os nossos pecados! Ele remiu o pecado do mundo!

Quando nos arrependemos, pedimos perdão e deixamos Jesus entrar em nosso coração, ele fica limpo novamente! *(pegar o copo "JESUS" – com água sanitária – e derramar aos poucos no copo "EU")*

e) O amor de Jesus limpa todo o pecado e nos traz a salvação. *(Colocar aos poucos o conteúdo do copo "PECADO" no copo "JESUS")*

Coloque a mão no seu coração, lembre de seus pecados e peça que Jesus se derrame em sua vida, dando-lhe um novo coração. Ele conhece o mais íntimo de nós mesmos. Peçamos que Ele derrame seu Espírito para transformar-nos.

Canto: "Conheço um coração" (Pe. Zezinho)

Conheço um coração tão manso, humilde e sereno.
Que louva ao Pai por revelar seu nome aos pequenos.

Que tem o dom de amar, que sabe perdoar, e deu a vida para nos salvar!

Jesus, manda Teu Espírito, para transformar meu coração (2 vezes)

Lava, purifica e restaura-me de novo.
Serás o nosso Deus e nós seremos o seu povo.
Derrama sobre nós, a água do amor, o Espírito de Deus nosso Senhor!

Testemunhar esta verdade maravilhosa é missão dos discípulos missionários da Igreja, que precisam contar para quem ainda não sabe, ou talvez já esqueceu, ou ainda para quem não crê o suficiente, que Jesus nos resgatou do pecado. Esclarecer as pessoas sobre a misericórdia divina, neste gesto de amor sem limites de Cristo na Cruz, é uma grande obra de caridade que podemos praticar.

Jesus tirou o pecado do mundo e encarregou a sua Igreja (Jo 20,19-23), comunidade de discípulos missionários (Doc. Ap, n. 20), de anunciar a cada pessoa a oportunidade de ser incluída e de participar desta alegria imensa. A remissão dos pecados nos é comunicada "pelos sacerdotes, através dos sacramentos da Igreja, instrumentos mediante os quais nosso Senhor Jesus Cristo, único autor e dispensador da salvação, nos concede a graça da justificação".

3 - VER A REALIDADE

(Orientar os catequizandos para que se reúnam em grupos e distribuir cartolina, cola, tesoura, revistas e jornais aos grupos)

a) Cada grupo vai pesquisar, nas notícias do cotidiano, quais os pecados que mais aprisionam as pessoas nos dias de hoje? Recortar as figuras e colar na cartolina. *(Dar um tempo para que façam a atividade)*

b) Como poderemos fazer para testemunhar que Jesus remiu o pecado do mundo? Deu seu sangue para que ninguém fique preso nos seus pecados? Escrevam no verso da cartolina uma forma de testemunhar a remissão dos pecados.

4 - ILUMINAR:

Já lemos em Atos 10,34-43 que os discípulos são chamados a testemunhar a remissão dos pecados, ajudando as pessoas a perceberem o valor do:

a) **Sacramento do Batismo:** nosso mergulho na cruz de Cristo que perdoa o nosso pecado e nos insere na Igreja, o Corpo Místico de Cristo.

b) Sacramento da Confissão: incentivando-os a participarem sem medo deste gesto de amor, que é a misericórdia divina. Ele nos é comunicado através do ministro ordenado, o sacerdote.

5 - COMPROMISSO – AGIR CRISTÃO

Testemunho envolve compromisso. Até o ponto de dar a vida por uma causa, se preciso for.

Muitos discípulos de Jesus deram a própria vida para testemunhar a fé.

Testemunhar a fé na remissão dos pecados compromete a vida toda do cristão, não apenas o tempo que lhe sobra. Não é possível seguir Jesus se quisermos priorizar nossas coisas, nossas ideias ou apoiar uma causa que não condiz com o Evangelho. O discípulo ou é "discípulo de Jesus" ou é discípulo de outra causa.

Conta-se que certo dia o porco e a galinha estavam passeando pela fazenda, quando chegou o fazendeiro e lhes propôs um desafio: eles seriam responsáveis por preparar um café da manhã diferente a cada dia da semana pelas próximas duas semanas. No caso de falha, definida pela falta de um cardápio variado em um desses dias, o café da manhã seria preparado pelo próprio fazendeiro que, sem opção, prepararia bacon com ovos para começar o dia.

Nos primeiros dias tudo correu bem, o porco sempre empenhado, começava o dia a pensar no cardápio para o dia seguinte, dividia as tarefas necessárias com a galinha para separar os ingredientes para a nova receita. Com o passar dos dias o porco gastava grande parte do seu tempo preparando os pratos que seriam servidos ao fazendeiro. A galinha, por sua vez, foi se desinteressando e passou a ciscar o chão e procurar minhocas. Por isso o porco tinha que trabalhar ainda mais para cumprir a tarefa.

Um dia o fazendeiro não foi atendido nas suas solicitações e o porco virou bacon. A galinha, depois de ceder um ovo, continuou ciscando e procurando minhocas, como se nada tivesse acontecido...

Este encontro é de *MARTYRIA*, porque nos ajuda a sermos testemunhas de Jesus Cristo. A partir do encontro de hoje, através de que gesto concreto você testemunhará o valor da remissão dos pecados?

_____

_____

_____

13º Encontro
O Espírito Santo unge o discípulo para proclamar aos cegos a recuperação da vista

Expectativa para o encontro:

- Celebrar a luz e a glória de Deus que veio a nós, em Jesus Cristo, para transformar e santificar nossa vida.
- Perceber-se enviado para proclamar aos cegos, de todo tipo de cegueira, a recuperação da visão pelo encontro com Jesus na sua Palavra e na comunidade cristã.

Providenciar:

- papel bobina para fazer um caminho
- colocar sobre o caminho alguns símbolos (obstáculos): galhos secos, pedras, ovos, flores, 3 velas apagadas, uma cruz, a Bíblia e uma cadeira
- venda para os olhos (uma venda para cada dupla de catequizandos)
- 3 folhas de sulfite
- um vidro com areia e 5 pregos
- um imã grande
- um pedaço pequeno de imã para cada catequizando

Ambiente:

- Preparar um caminho de papel bobina com galhos secos, pedras, ovos, flores, 3 velas apagadas, uma cruz, a Bíblia e uma cadeira.

Formando e preparando o catequista para o encontro

A missão dos discípulos missionários é prolongar as ações de Jesus através dos tempos e lugares, para fazer com que seus gestos redentores alcancem todas as gerações, pelo poder do Espírito Santo (At 1,8).

Em cada época, a Igreja precisa estar atenta para enfrentar novos desafios. Nestes tempos nos deparamos com as drogas, violência, aborto, crimes virtuais, clonagem, inseminação artificial etc. No tempo de Jesus também havia grandes desafios, os quais Ele enfrentou com a força do Espírito Santo, para libertar as pessoas. Entre os desafios relatados no Evangelho, vemos a questão da exclusão social ou religiosa daqueles que possuíam algumas doenças, como a lepra (Mt 8,1-4) ou deficiências físicas, como a cegueira (Mc 10,46-52). Estas pessoas precisavam viver de esmolas e da solidariedade dos outros. Pesava sobre elas a mentalidade de que sua condição era um castigo de Deus pelos pecados cometidos; talvez até pecados dos pais punidos nos filhos (Jo 9, 1-2).

Jesus dialogou e conviveu com pessoas das diferentes classes sociais, mas foi ao lado dos menos favorecidos e marginalizados que Ele se posicionou. Ele veio para que todos tivessem vida em plenitude (Jo 10,10).

Naquela sociedade, quem era cego acabava vivendo na pobreza e na exclusão. Esta realidade nos revela que, ao curar um cego, Jesus não estava apenas devolvendo a capacidade de ver, mas Ele estava incluindo a pessoa na convivência social, ressaltando sua dignidade, negando que uma deficiência física pudesse identificar-se como um castigo de Deus.

A opção de Cristo é a opção da Igreja também, que existe em virtude da fé alicerçada n'Ele. A Igreja tem o propósito de auxiliar seus filhos no desenvolvimento pleno. Ver é mais do que recuperar a visão, é também discernir, ter critérios da verdade para julgar os desafios, é acolher e promover integralmente a pessoa.

Um cristão sai das trevas e da cegueira, porque vê a realidade a partir da luz de Cristo, tornando-se também luz para o mundo (Mt 5,14).

Em nosso tempo a condição de vida e de inclusão social dos cegos é bem diferente dos tempos de Jesus. Hoje há cegos incluídos no mercado de trabalho e nas escolas; eles escolhem seus representantes políticos, avançam em áreas acadêmicas etc. No entanto, ainda há muitas pessoas que vivem em algum tipo de cegueira: pessoas marginalizadas, aquelas que não têm consciência dos seus direitos, pessoas cegadas pelo poder e pelo dinheiro, cegas pelo vício ou pela inveja. Por isso a missão de Jesus através dos discípulos da Igreja continua a mesma, é preciso, ainda hoje, "proclamar aos cegos a recuperação da vista" (Lc 4,19b).

Depois do estudo do texto, procure rezar, meditar e vivenciar a Palavra, preparando-se para o Encontro.

ENCONTRO DE *LITURGIA* (CELEBRAÇÃO)

Liturgia é celebração memorial da entrega de Cristo, para a glória do Pai, que santifica o discípulo missionário.

1 - CELEBRANDO A VIDA NA PRESENÇA DE DEUS

(Preparar antecipadamente o local do encontro, montando o caminho com os obstáculos. Receber os catequizandos fora do local do encontro.)

Sejam bem-vindos. Hoje começaremos nosso encontro passando por uma experiência.

Peço que formem duplas. Em cada dupla, um catequizando será vendado e o outro será seu guia. Escolham as funções de cada um.

(Deixar que se organizem em duplas, entregar as vendas para cada dupla, arrumá-las em fila na porta da sala e conduzir a dinâmica).

Dinâmica: Experimentar a cegueira

Objetivo: Identificar a necessidade de auxílio e confiança nos outros, nos momentos em que não conseguimos enxergar.

Desenvolvimento: *(orientado pelo catequista)*

1) O catequizando de olhos vendados deverá ser guiado pelo que não tem venda, passando por todo o caminho.
2) O catequizando "guia" deverá tomar cuidados para que o que tem a venda nos olhos não se machuque no caminho, fazendo com que este sinta confiança.
3) Quando a dupla completar o percurso, o catequizando com a venda pode tirá-la e a dupla deverá observar os outros que estão fazendo o percurso, até que todos terminem.
4) Reunir-se ao redor do caminho para refletir sobre as seguintes questões: *(apresentar cada questão e deixar que falem)*
    a. Para os catequizandos vendados:

– O que você sentiu fazendo o caminho sem enxergar?
– Por que seu amigo foi importante nesta experiência?

b. Para todos:

– Além da cegueira física, que outras situações podem nos cegar?

Conclusão: Jesus foi ungido para proclamar aos cegos a recuperação da vista, veio para nos libertar de todo tipo de cegueira. Os discípulos missionários são ungidos pelo Espírito Santo para dar continuidade a essa missão, ajudando as pessoas nos seus limites para que possam superar os obstáculos do caminho.

2 - APROFUNDANDO A FÉ

Jesus dialogou e conviveu com pessoas das diferentes classes sociais, mas foi ao lado dos menos favorecidos e marginalizados que Ele se posicionou. Ele veio para que todos tivessem vida em plenitude (Jo 10,10).

Naquela sociedade, quem era cego acabava vivendo na pobreza e na exclusão. Esta realidade nos revela que, ao curar um cego, Jesus não estava apenas devolvendo a capacidade de ver, mas Ele estava incluindo a pessoa na convivência social, ressaltando sua dignidade, negando que uma deficiência física pudesse identificar-se como um castigo de Deus.

A opção de Cristo é a opção da Igreja também, que existe em virtude da fé alicerçada n'Ele. A Igreja tem o propósito de auxiliar seus filhos no desenvolvimento pleno. Ver é mais do que recuperar a visão, é também discernir, ter critérios da verdade para julgar os desafios, é acolher e promover integralmente a pessoa.

Vamos formar 3 grupos e cada grupo deve realizar as seguintes tarefas:

(Entregar uma folha de sulfite para cada grupo e disponibilizar os símbolos que estão no caminho.)

1) Ler os textos abaixo:

   Grupo 1 – O Cego de nascimento (Jo 9,1-11)
   Grupo 2 – O Cego de Betsaida (Mc 8,22-26)
   Grupo 3 – O Cego de Jericó (Mc 10,46-52)

2) Preparar uma encenação do texto.

3) Escolher um símbolo, dentre aqueles símbolos que estão no caminho, que represente a cegueira do personagem do Evangelho.

4) Escrever na folha de sulfite uma das cegueiras do mundo de hoje.

3 - CELEBRANDO A FÉ

(Após a realização dos passos anteriores, o catequista reúne novamente os catequizandos em torno do caminho, pedindo que tragam os símbolos e as folhas e orienta para que aconteça um momento de uma liturgia orante.)

Neste momento vamos realizar uma liturgia, ou seja, será um momento de celebração no qual desejamos reconhecer a glória, o poder e a força de Deus de nos libertar de nossas cegueiras, para nossa santificação.

É importante compreender que sempre durante uma Liturgia, precisamos estar atentos, participando com respeito.

Por isso vamos cantar silenciando o coração:

Canto: "Indo e vindo" (autor desconhecido)
Indo e vindo
trevas e luz
tudo é graça
Deus nos conduz. (2 vezes)

(Conduzir as apresentações em clima de oração.)

Vamos celebrar, a partir do que a Palavra de Deus nos ensinou. Cada grupo apresentará a encenação do Evangelho que leu e, após cada apresentação, cantaremos o refrão do canto acima.

- Grupo 1 – Apresentação do texto de Jo 9,1-11 (O Cego de nascimento)
- Grupo 2 – Apresentação do texto de Mc 8, 22-26 (O Cego de Betsaida)
- Grupo 3 – Apresentação do texto de Mc 10,46-52 (O Cego de Jericó)

Cada um dos personagens que vimos traz sua cegueira. Cada grupo escolheu um símbolo para estas cegueiras. Iniciando com o grupo 1, apresentem à turma o símbolo da cegueira e digam o que ele representa.

O grupo 1 apresenta seu símbolo.

Todos: Damos glória a Jesus, porque santificou aquele homem, devolvendo a luz para a sua vida.

O grupo vai colocar o símbolo no caminho e eu vou colocar uma vela acesa ao lado do símbolo, representando a luz do Senhor, enquanto cantamos:

Canto: "Ó luz do Senhor" (Antífona do Advento)
Ó luz do Senhor,
que vem sobre a terra,
inunda meu ser,
permanece em nós.

O grupo 2 apresenta seu símbolo.

Todos: Louvamos a Jesus porque sempre alcança os homens com sua luz, santificando-os.

O grupo 2 vai colocar o símbolo no caminho e eu vou colocar uma vela acesa ao lado do símbolo, representando a luz do Senhor. Cantemos o refrão do canto anterior.

O grupo 3 apresenta seu símbolo.

Todos: Damos graças a Jesus porque sua luz nos permite segui-lo pelo caminho.

O grupo 3 vai colocar o símbolo no caminho e eu vou colocar uma vela acesa ao lado do símbolo, representando a luz do Senhor. Cantemos novamente o refrão.

O homem de hoje tem muitas cegueiras.

As palavras que cada grupo escreveu na folha representam as cegueiras do nosso tempo, para as quais nós somos chamados a levar a luz de Jesus.

Cada grupo vai pegar a sua folha, ler para todos e colocá-la ao redor da Palavra de Deus, iniciando pelo grupo 1. Enquanto um representante do grupo coloca a folha ao redor da Bíblia, rezemos um versículo do salmo 119(120):

Todos: Tua palavra é luz para o meu caminho. Tua palavra é lâmpada para os meus pés.

Nós também temos as nossas cegueiras. Feche seus olhos por um instante e perceba quais as coisas que o têm deixado cego para a vida de discipulado. *(instante)*

Finalizando este momento celebrativo, quem quiser, vai apresentar a cegueira que percebeu na própria vida ou na vida das pessoas com quem convive. Após cada invocação, diremos juntos: Ilumina, Senhor, com teu Espírito Santo.

A cegueira da _____ *(deixar que falem)*

Todos: Ilumina, Senhor, com teu Espírito Santo.

4 - ENVIADOS PARA VIVER A FÉ NA FORÇA DO ESPÍRITO SANTO

Observem o gesto que farei.

(O catequista apresenta um vidro com areia e com alguns pregos escondidos no meio da areia. Em seguida passa um imã ao redor do vidro, por fora, para que os pregos sejam atraídos para as bordas, ficando visíveis.)

Cada um vai receber um pequeno pedaço de imã e vai pensar que, como discípulo missionário de Cristo, precisa atrair outros para a Luz do Senhor.

Pense nas pessoas do seu convívio que estão precisando ser atraídas para a luz de Jesus. Na força do Espírito Santo, durante a semana, procure estas pessoas contando a elas uma das passagens do Evangelho que vimos no encontro de hoje. Mostre a elas que não há nenhum tipo de cegueira para o qual Jesus não possa devolver a luz da vida!

Este encontro é de **LITURGIA**, porque nos ajuda a celebrar a fé, reconhecendo o poder de Deus e dando glórias ao Senhor. Ele transforma e santifica nossa vida.

Como a experiência de hoje me leva a celebrar, reconhecendo a glória de Deus que me liberta das minhas cegueiras?

_____
_____
_____

14º Encontro
O Espírito Santo unge o discípulo para restituir a liberdade aos oprimidos

Expectativa para o encontro:

- Compreender que Deus Pai, por seu infinito Amor, nos enviou Jesus Salvador que, na força do Espírito Santo, nos restitui a liberdade dos filhos de Deus.
- Conhecer melhor as pastorais e movimentos da Igreja e perceber que seus membros agem para levar a luz de Cristo às pessoas, libertando-as da opressão.

Providenciar:

- Bíblia
- vela
- tiras para formar elos, de acordo com o número de catequizandos
- confeccionar uma corrente com os elos para usá-la sobre a Bíblia
- escrever nos elos palavras que aprisionam (desobediência, roubo, vícios, drogas, guerras, abandono, riqueza, mentira etc.)
- um boneco de pano amarrado com barbantes
- cesta para colocar os símbolos das Pastorais e movimentos
- vela pequena
- copo transparente

Ambiente:

- Preparar um local adequado para colocar a Bíblia em destaque e a vela.

Atenção catequista:

- Cada convidado das pastorais e movimentos deve ser orientado antecipadamente para trazer um símbolo de sua pastoral e um cartãozinho com horário de atividades da pastoral para cada catequizando. O catequista deve colocar numa cesta os símbolos trazidos pelos convidados.
- Verifique entre os catequizandos se há alguém que toque algum instrumento musical, caso haja, solicite que acompanhe os cantos no próximo encontro.

Formando e preparando o catequista para o encontro

Os cristãos deste momento da história têm o compromisso de manter viva a mesma tradição de fé que receberam dos apóstolos e daqueles discípulos que os precederam e de prosseguir evangelizando, para que as gerações futuras também conheçam o amor misericordioso e libertador de nosso Deus.

Passados tantos séculos, o cristianismo ainda se vê confrontado por diversas situações de opressão. A primeira opressão é o pecado, escravidão da qual Jesus nos libertou (Catecismo da Igreja Católica, n. 421), mas que continua algemando o homem cada vez que este escolhe desobedecer a Deus e praticar o mal (CIC, n. 1733).

Atitudes de descaso ou de diminuição da dignidade humana são frutos desta escravidão do mal, que atinge o coração de tantos homens e mulheres e, por vezes, de sociedades inteiras. Através da Palavra de Deus, a Igreja apresenta um caminho de crescimento e aperfeiçoamento moral, para que o homem se configure sempre mais com Cristo. A Igreja apresenta um horizonte de vida para que a sociedade saiba se organizar de modo que suas estruturas estejam a serviço do bem comum, sem instrumentalizar a pessoa.

Uma pessoa que faz a experiência do encontro com Jesus e da conversão pessoal, passa a servir aos outros, doando sua vida e assim deixará de oprimir. É o caso de Zaqueu, que mediante sua conversão, volta seu olhar ao outro, propondo-se a doar metade dos seus bens aos pobres e a devolver o que roubou (Lc 19,8).

Isso nos ensina algo importante: quando instruímos alguém na fé (serviço da Catequese), nós o conduzimos para um processo de conversão que o liberta daquilo que possa estar lhe oprimindo, tornando-o também um discípulo missionário, que sabe libertar os irmãos.

A Igreja tem um importante papel na restituição da liberdade de quem está oprimido, semeando os valores do Evangelho da vida em todos os contextos, pois somente Jesus Cristo pode levar ao coração humano a paz e a verdadeira liberdade: "Vinde a mim todos vós que estais cansados e oprimidos, e eu vos aliviarei" (Mt 11,28).

O Sacramento da Crisma fortalece o cristão na luta pelo bem comum, para que possa agir com solidariedade e evitar que os outros sejam vítimas da ganância ou descaso.

A Igreja é continuadora da missão de Jesus e faz isto através de ações evangelizadoras das pastorais e movimentos, que promovem a pessoa, em vista da transformação da realidade, para libertar de toda opressão.

Somos autores da libertação dos oprimidos e não apenas anunciadores dela, pois fomos ungidos em Cristo, para proclamar a Boa-Nova aos pobres, restituir a vista aos cegos e a liberdade dos oprimidos.

Depois do estudo do texto, procure rezar, meditar e vivenciar a Palavra, preparando-se para o Encontro.

ENCONTRO DE *DIAKONIA* (SERVIÇO)

Diakonia é o serviço do discípulo missionário para transformar uma realidade através dos valores do Evangelho.

1 - ESPIRITUALIDADE

(Combinar com um catequizando para entrar com a Bíblia envolvida com os elos da corrente, apresentando-a a cada catequizando e em seguida colocando-a no local preparado. Escolher outro catequizando para entrar com a vela)

Sejam bem-vindos ao nosso encontro, vamos abrir o coração para experimentar o amor de Deus através de sua Palavra.

Toda atitude que gera o mal ou ações que levam ao pecado nos aprisionam, como uma corrente.

Deus Pai, por seu infinito Amor, nos enviou Jesus Cristo Salvador que, na força do Espírito Santo, rompe as correntes e nos restitui a liberdade dos filhos de Deus.

A Palavra de Deus nos apresenta como Ele entrou na história dos homens para realizar a libertação dos oprimidos.

A) ENTRONIZAÇÃO DA PALAVRA:

Vamos acolher a Palavra e conforme ela se aproxima, cada um vai pegar um elo da corrente que descreve algo que aprisiona o coração humano. Participemos deste momento cantando:

Canto: "Eis me aqui Senhor"

Eis-me aqui Senhor! Eis-me aqui Senhor!
Pra fazer tua vontade pra viver do teu amor
Pra fazer tua vontade pra viver do teu amor
Eis-me aqui, Senhor!
1.O Senhor é o Pastor que me conduz
Por caminhos nunca vistos me enviou
Sou chamado a ser fermento, sal e luz
E por isso respondi: aqui estou.

Agora observe e reflita por um instante sobre a palavra que está escrita no elo da corrente.

Partilhemos por que essa atitude escraviza e oprime a pessoa humana. *(deixar que falem)*

B) LEITURA ORANTE

Jesus encontrou muitas pessoas com o coração aprisionado por diversos tipos de elos.

Ouçamos o texto bíblico de Lc 19,1-10. *(o catequista faz a leitura com calma, mantendo um clima orante)*

Vamos percorrer os 4 passos da Leitura Orante, para mergulharmos neste texto:

1) Relembremos o que diz o texto. *(deixar que falem)*

   Concluir: Este texto nos apresenta Zaqueu, um homem ambicioso que buscava posições mais altas e que tinha o coração aprisionado pela riqueza.

2) O que Deus quer nos dizer com esta Palavra? *(deixar que falem)*

   Concluir: O encontro com Jesus é capaz de nos retirar das nossas posições e libertar daquilo que nos aprisiona.

3) O que eu quero dizer a Deus?

   Num instante de silêncio, apresente a Deus no mais profundo do seu ser tudo aquilo que tem aprisionado seu coração e peça a graça da libertação.

4) Como posso agir a partir desta Palavra que ouvi? O que posso fazer como compromisso no meu dia a dia para libertar-me das amarras que me afastam de Deus e dos irmãos?

   Concluir: Zaqueu percebeu que a ambição que o amarrava acabava sendo prisão para outros também. Então, a partir da presença de Jesus em sua vida, saiu daquela condição e resolveu restituir o que pegou dos outros de forma abundante. Que sejamos capazes de ter essa profunda mudança no coração, deixando que a presença de Jesus em nossa vida nos torne pessoas que proclamam a libertação a todos que são oprimidos.

2 - REFLEXÃO

A Igreja é continuadora da missão de Jesus e faz isto através de ações evangelizadoras das pastorais e movimentos, que promovem a pessoa, em vista da transformação da realidade, para libertar de toda opressão.

Somos autores da libertação dos oprimidos e não apenas anunciadores dela, pois fomos ungidos em Cristo, para proclamar a Boa-Nova aos pobres, restituir a vista aos cegos e a libertação aos oprimidos.

A ação de cada uma das pastorais de nossa Igreja são formas de continuarmos a missão de Jesus, desamarrando todas as correntes que aprisionam o coração humano.

Receberemos agora alguns membros das pastorais e movimentos de nossa comunidade, que nos contarão como essas pastorais atuam para alimentar nosso povo com a presença de Jesus Salvador.

(Apresentar um boneco de pano amarrado com diversos barbantes e combinar com os representantes das pastorais que, ao final de cada testemunho, retirem um barbante do boneco, simbolizando a libertação de algo que oprime.)

3 - RECONHECIMENTO PASTORAL

(Apresentar uma cesta com o símbolo de cada Pastoral ou movimento que estiver presente.)

Neste momento cada um dos nossos convidados, representantes de pastorais e movimentos de nossa comunidade, vai apresentar-nos, através de um símbolo, o modo como sua pastoral faz frutificar seus serviços para a vida das pessoas, sustentando nosso povo com a presença de Cristo na Igreja.

(Momento de apresentação dos símbolos que cada convidado trouxe.)

Depois de ouvir o testemunho dos membros de nossas pastorais e de ver como cada pastoral produz seus frutos, vamos fazer uma mesa redonda para que nossos convidados respondam a perguntas que quisermos fazer a eles.

(Momento de perguntas dos catequizandos.)

Cantemos para finalizar este momento tão rico de conhecimento e partilha de vida, que nos faz querer atuar com firmeza e alegria para edificar a Igreja.

Canto: "A edificar a Igreja" (*Agnus Dei*)
A edificar a Igreja, a edificar a Igreja, a edificar a Igreja do Senhor

1. *Irmão, vem, ajuda-me*
   Irmã, vem, ajuda-me
   A edificar a Igreja do Senhor

2. *Eu sou a Igreja, você é a Igreja*
   Somos Igreja do Senhor
   Irmão, vem, ajuda-me
   Irmã, vem, ajuda-me
   A edificar a Igreja do Senhor

4 - FRUTOS DO ESPÍRITO NA NOSSA VIDA

A presença de Jesus, o encontro profundo com Ele, muda o "rumo" da nossa caminhada, acende uma luz em nossa vida, assim como mudou o rumo da vida de

Zaqueu. Precisamos assumir este novo rumo e não permitir que nada vá apagando o desejo de viver nosso discipulado e missão na Igreja. Observe o gesto que farei:

1) Acender uma vela e esperar um pouco.
2) Em seguida, cuidadosa e lentamente, colocar um copo transparente sobre a vela, que aos poucos se apagará.
3) Conclusão:
   - Quando uma pastoral se fecha em si mesma, não permitindo que ninguém mais entre, corre o risco de que a luz de Deus se apague e a pastoral termine.
   - Se nós nos fechamos em nós mesmos, com medo de nos envolvermos e participarmos das pastorais, a luz de Cristo e sua missão não serão transmitidas para outras pessoas.

Este encontro é de *DIAKONIA*, porque nos compromete em colocar a vida a serviço, nas pastorais ou movimentos da Igreja, para transformar as realidades através do Evangelho.

Como este encontro me impulsiona a colocar minha vida a serviço, através de uma destas pastorais?

_____

_____

_____

5 - MISSÃO

É preciso comprometermos nossa vida com a missão da Igreja.

Os representantes das pastorais presentes vão se colocar em nosso meio e cada catequizando vai se aproximar da pessoa que representa a pastoral com a qual mais se identificou e escolheu para participar.

Em sinal de acolhida, receba um abraço do membro da pastoral que você escolheu e também um cartão, com os horários de atividades da Pastoral, para que você mostre a seus pais e converse com eles, explicando que a partir desta semana você gostaria de fazer uma experiência, participando desta pastoral ou movimento.

Peçamos a bênção de Deus para este novo passo de engajamento na vida da Igreja, que cada um está iniciando hoje.

(O catequista e os membros de pastoral estendem as mãos sobre os catequizandos e rezam:)

"O Senhor te abençoe e te guarde;

O Senhor faça resplandecer o seu rosto sobre ti, e tenha misericórdia de ti;

O Senhor sobre ti levante o seu rosto e te dê a paz".

15º Encontro
O Espírito Santo unge o discípulo para proclamar um ano da graça do Senhor

Expectativa para o encontro:

- Despertar para a importância dos laços da vida comunitária.
- Perceber que o discípulo missionário é enviado para proclamar o tempo da ação do Senhor, que nos traz a graça divina.

Providenciar:

- carta com o texto de Lc 7,18-23 para cada grupo de catequizandos (divididos em trios)
- material diverso para compor os seguintes cenários: sala de aula, ônibus, hospital, família, banco, jogo de futebol e salão de beleza
- uma caixa grande encapada, com a inscrição "Máquina do tempo"
- colocar dentro da caixa material variado para ser disponibilizado aos grupos, para a gincana (roupas, perucas, jornais, revistas etc.)
- faixa ou crachá para cada catequizando escrito: Discípulo missionário, disposto a proclamar o Evangelho!
- rádio e CD com música apropriada
- lanche para a confraternização

Ambiente:

- Preparar o encontro num local diferente do local habitual – pode ser num salão, num pátio ou ao ar livre (tomar cuidado para que seja um ambiente seguro).
- Mesa com lanche para o momento da confraternização

Formando e preparando o catequista para o encontro

Jesus nos chamou de amigos: "Vós sois meus amigos, se fazeis o que vos mando. Já não vos chamo servos, porque o servo não sabe o que faz seu senhor. Mas chamei-vos amigos, pois vos dei a conhecer tudo quanto ouvi de meu Pai" (Jo 15,14-15).

Fazer a vontade do Pai foi o principal fundamento da missão de Jesus: "Pois desci do céu não para fazer a minha vontade, mas a vontade daquele que me enviou" (Jo 6,38).

Ao fazer a vontade do Pai, Jesus proclama o ano da graça do Senhor, não no sentido cronológico, mas como tempo em que o Senhor "visitou e resgatou o seu povo" (Lc 1,68). De modo bem explícito, vemos o próprio Jesus enfatizar os feitos e efeitos do ano da graça: "Ide anunciar a João o que tendes visto e ouvido: os cegos veem, os coxos andam, os leprosos ficam curados, os surdos ouvem, os mortos ressuscitam, aos pobres é anunciado o Evangelho" (Lc 7, 22).

Segundo a tradição cristã, Jesus viveu publicamente sua missão por aproximadamente três anos, e, tendo vivenciado sua Páscoa, isto é, sua paixão, morte e ressurreição, subiu aos Céus onde permanece sentado à direita de Deus Pai (CIC, n. 663). Na sua ascensão Jesus transmitiu aos apóstolos sua missão, e, com isso, encarregou-os de prosseguirem proclamando o "ano da graça do Senhor" por meio da mesma Palavra, dos mesmos gestos e das mesmas ações (Mc 16,15-20). A Igreja Católica Apostólica é, portanto, a continuadora desta missão.

A vida e missão de Jesus, e seguidamente dos seus discípulos, inaugurou um novo tempo para a humanidade, que agora conta com a graça de Deus para orientar o rumo definitivo de sua história em direção à Vida Eterna.

Nunca é demais lembrar que o discípulo depende da fé em Jesus Cristo como seu Salvador (CIC, n. 161) para ter legitimidade no anúncio do Evangelho, uma vez que é chamado a ensinar, mas, também a viver o que ensina. Na catequese, o catequista é mais do que alguém que transmite informações sobre a fé cristã, ele conquista os corações dos catequizandos, porque coloca-os em comunhão com a pessoa de Jesus Cristo. É convocado a ser testemunha do Cristo ressuscitado, fazendo chegar da forma mais sensível possível a mensagem de Jesus na vida do crismando.

Jesus Ressuscitado escolheu permanecer presente com seus discípulos por meio da Igreja, de modo real e pessoal (Mt 18,20). Esta presença misteriosa se dá de forma sacramental, o que faz da Igreja o lugar privilegiado para conhecer e celebrar o Cristo todo. A Igreja é luz dos povos, porque ela é sinal de Cristo para o mundo.

Através do ano litúrgico, a Igreja perpetua os atos de Salvação e Misericórdia de Deus como "tempo de graça", que é oferecida gratuitamente à humanidade, até a vinda definitiva do Senhor Jesus. A Liturgia, distribuída ao longo do ano, expressa toda a história da salvação a partir do Tríduo Pascal, caracterizando o Ano Litúrgico como o "Ano da Graça do Senhor" (CIC, n. 1168).

O cristão, em comunhão com toda a Igreja, é um proclamador das maravilhas que Deus realiza e quer realizar no coração de quem acolhe sua graça. A missão da Iniciação cristã também é desenvolver uma docilidade no crismando a fim de que ele acolha o Espírito Santo com seus dons e sinta o desejo de comunicar a vida nova que Deus derramou em seu coração.

Conhecer a fundo a vida e a mensagem de Cristo, tê-lo como melhor amigo, desejar a conversão e converter-se constantemente, aprendendo a participar do ano litúrgico de forma plena, consciente e ativa (*Sacrosanctum Concilium*, n. 14), são meios primordiais para ser, ao mesmo tempo, "sinal" e "instrumento" da graça divina.

Depois do estudo do texto, procure rezar, meditar e vivenciar a Palavra, preparando-se para o Encontro.

ENCONTRO DE *KOINONIA* (VIDA FRATERNA)

Koinonia é comunhão, participação, que educa o discípulo missionário para a vida fraterna na comunidade.

1 - ACOLHIDA

Sejam bem-vindos. No encontro de hoje, vamos experimentar a alegria de conviver e compartilhar a vida, porque pertencemos à comunidade cristã. O discípulo missionário vive em fraternidade e se abre para partilhar as riquezas de sua vida, especialmente suas experiências de fé. A comunidade nos fortalece para a missão e nos faz enraizar cada vez mais o sentido de pertença ao corpo de Cristo – à Igreja. Acolha seu irmão com um abraço, enquanto cantamos:

Canto: "A Paz Amigo" (Silvio Pires e Gerson Pires)
A Paz amigo eu tenho em seu abraço,
em seu abraço amigo eu tenho a paz (2 vezes)
A paz que acalma, a calma que faz a gente ser mais irmãos
Ligados em Cristo eu vivo por isso
e isso me faz mais, muito mais feliz

2 - INTERAGINDO COM CRIATIVIDADE

(Pedir aos catequizandos que formem um círculo e sentem. Colocar a caixa grande no centro do círculo. Dentro da caixa deve estar o material para os grupos trabalharem: roupas, perucas, jornais, revistas etc.)

Olhemos para essa grande "Máquina do tempo". Hoje faremos uma gincana.

Gincana: A máquina do tempo

O Espírito Santo nos unge para proclamar um ano da graça do Senhor, não no sentido cronológico, mas como tempo em que o Senhor "visitou e resgatou o seu povo" (Lc 1,68).

João Batista, naquele tempo (tempo em que Jesus estava anunciando a Boa-Nova do Reino), mandou seus discípulos perguntarem a Jesus se Ele era o Messias, o Salvador, ou se deviam esperar outro. Jesus deu uma resposta a eles, que hoje descobriremos.

Agora nosso desafio será proclamar esse tempo da graça de Deus em ambientes diversos. E faremos isso inspirados na resposta que Jesus deu a eles.

(O catequista orienta os catequizandos para formarem trios e entrega a cada grupo uma carta com o texto bíblico Lc 7,18-23.)

Instruções aos grupos:

1) Ler a carta para saber qual foi a resposta de Jesus.

2) Entrar imaginariamente na máquina do tempo e se transportar para os seguintes ambientes:

   Grupo 1 – sala de aula
   Grupo 2 – ônibus
   Grupo 3 – hospital
   Grupo 4 – família
   Grupo 5 – banco
   Grupo 6 – jogo de futebol ou salão de beleza

3) Pensar e elaborar uma forma bem criativa de fazer o anúncio do ano da graça do Senhor para as pessoas do ambiente que foi designado ao grupo.

4) Pegar material para ajudar no cumprimento da tarefa, dentro da "Máquina do tempo".

(Dar um tempo adequado para que os grupos se preparem.)

3 - PARTILHANDO OS DONS – APRESENTAÇÕES

(Quando todos os grupos estiverem organizados, o catequista dá continuidade.)

Antes de cada grupo apresentar o que criaram, todos nós vamos compor o ambiente para o qual aquele grupo vai fazer o anúncio.

(Organizar a composição dos cenários e dispor os catequizandos no cenário de acordo com as apresentações: sala de aula, ônibus, hospital, família, banco, jogo de futebol ou salão de beleza).

Momento das apresentações:

(organizado pelo catequista)

1) Determinar a ordem de apresentação dos grupos, para cumprirem a tarefa que lhe foi designada.

2) No final de cada apresentação, entregar para cada membro do grupo uma faixa ou um crachá escrito: Discípulo missionário, disposto a proclamar o Evangelho! (*valorizar esse momento, fazendo-o com entusiasmo, motivando palmas do grupo*)

3) Entre uma apresentação e outra, até que o próximo cenário e o próximo grupo se aprontem, colocar uma música de fundo (*se houver um catequizando que toca violão, pedir que toque e cante nestes intervalos*).

4 - CONFRATERNIZAÇÃO

A leitura do livro de Atos dos Apóstolos mostra a importância dos cristãos terem um grupo de comunhão para compartilhar, encorajar-se mutuamente, motivar-se para a missão e rezar uns pelos outros. A comunhão regular com irmãos e irmãs de fé numa mesma comunidade é parte imprescindível da caminhada com Jesus. Quando as pequenas brasas do coração de cada um se juntam, o resultado é o aquecimento geral das nossas comunidades.

Este encontro é de *KOINONIA*, porque nos proporcionou a experiência da comunhão e da vida fraterna.

Como este encontro me motivou no desejo de participar ativamente de minha comunidade, estreitando os laços de comunhão pela convivência fraterna?

_____

_____

_____

Para celebrar a alegria de sermos comunidade cristã, discípulos missionários de Jesus, vamos realizar este momento de partilha dos alimentos e da vida, agradecendo a Deus por todos os dons que nos concede.

(Momento de confraternização espontânea e partilha dos alimentos.)

4ª Unidade
O Espírito Santo atua na missão do discípulo missionário

16º Encontro

O "selo do Espírito": sacramento da Crisma – consagrados para a missão

Expectativa para o encontro:

- Reconhecer que pelo sacramento da Crisma o discípulo recebe a marca, o selo do Espírito Santo, e é consagrado para a missão.
- Conhecer os elementos do rito do sacramento da Crisma.

Providenciar:

- cartaz de carinhas feito com as digitais, conforme modelo no Anexo referente ao Encontro 16.
- folha de sulfite para cada catequizando
- carimbeira
- Bíblia
- recortar 4 cartões com as figuras referentes à Crisma e mais 4 cartões com as explicações dos desenhos referentes à Crisma para o jogo da memória (*conforme Anexo*)

Ambiente:

- Preparar um lugar de silêncio para a Leitura Orante.
- Preparar um local com espaço para a dinâmica da reflexão e seus materiais.

Formando e preparando o catequista para o encontro

O sacramento da Crisma, também chamado de sacramento da Confirmação, consagra a pessoa que o recebe para a missão.

Pela unção com o óleo crismal, que é consagrado pelo Bispo na missa dos Santos óleos, completamos nossa "iniciação à vida cristã". O Batismo nos faz "ser filhos de Deus", nos insere como membros da comunidade de fé e perdoa nosso pecado adquirido desde a origem (pecado original). A Eucaristia alimenta na comunidade os que, pelo Batismo, tornaram-se filhos de Deus, educando-nos para o serviço. A Crisma é a unção com o Espírito de Deus que "firma na missão". Confirmar é "firmar com Jesus", enraizar em Cristo para que possamos dar "a razão de nossa fé", para testemunharmos e sermos construtores do Reino de paz e justiça, transformando as realidades em nossa volta. Estes três sacramentos (Batismo, Eucaristia, Crisma) preparam progressivamente a pessoa para ser um "adulto na fé". Pela Crisma, o Bispo confere a graça do Espírito Santo para progredir até a maturidade da fé, assumindo a missão de Jesus.

Sendo assim, a Crisma confirmará o Batismo não porque "tornará válido o Batismo", este é válido e eficaz quando administrado em sua matéria e forma corretas, mas no sentido de que aqueles que pelo Batismo tornaram-se filhos de Deus receberão, pela unção da Crisma, a força do Espírito Santo para "agirem como filhos de Deus", recebendo os dons para assumirem e continuarem no mundo a missão de Jesus!

Este sacramento é na vida do cristão uma marca indelével, isto é, uma marca que nada nem ninguém jamais poderá apagar, pois é gravada pelo próprio Espírito Santo no ser daquele que recebe a graça crismal.

Selo é uma realidade que imprime caráter, quer dizer, pela recepção do sacramento da Crisma a pessoa recebe o dom do Espírito Santo para a missão, de tal modo que este não pode mais ser separado dela.

Cada crismado, a partir da unção com o santo óleo do Crisma, se configura perfeitamente a Cristo, Sacerdote, Rei e Profeta, uma vez que a recepção do dom de Deus permite que o batizado seja um missionário adulto na fé.

Esse sacramento é ministrado pelo Bispo porque, por mandato do próprio Senhor Jesus, o Bispo confirma os irmãos na fé. Por alguma necessidade o Bispo pode delegar para algum padre a responsabilidade para realizar essa missão.

Os sinais externos desse sacramento são a imposição das mãos do Bispo, a unção com o santo óleo do crisma, que é perfumado com a mirra, e a fórmula: "Recebe por este sinal o Espírito Santo, Dom de Deus". O crismando receberá o próprio Espírito, doador de todos os dons.

Antes de ministrar o sacramento da Crisma, o Bispo ouve de cada candidato a profissão de fé. A partir da profissão de fé realizada publicamente pelo crismando, o Bispo confirma a fé que ouviu e unge o crismando, conferindo-lhe o dom do Espírito Santo e desejando-lhe a paz, fruto do mesmo Espírito.

Assim como no Batismo, o crismando tem um padrinho para acompanhá-lo, como alguém que vai caminhar junto na mesma fé na qual ele será confirmado.

Ser adulto na fé é empenhar-se por viver a fé, recebida no Batismo e confirmada no sacramento da Crisma, colocando-se na mesma dinâmica do serviço de Jesus. É dar sequência à proposta de Jesus de anunciar o Evangelho a toda criatura.

Depois do estudo do texto, procure rezar, meditar e vivenciar a Palavra, preparando-se para o Encontro.

ENCONTRO DE *DIDASKALIA* (ENSINO):

Didaskalia é a instrução dada pelos Apóstolos sobre a vida e missão de Cristo para gerar a fé.

(Acolher os catequizandos com o cartaz das carinhas feito com as digitais.)

Bem-vindos. É uma alegria recebê-los para este encontro no qual vamos nos aprofundar no ensino da Igreja sobre o selo do Espírito Santo, que nos consagrará para continuarmos a missão de Jesus.

Cada um chegou aqui de um jeito. Observem o cartaz com as carinhas. Como você está hoje?

(Entregar uma folha de sulfite a cada um e passar a carimbeira.)

Vamos fazer um exercício: vocês receberão uma folha de sulfite e, enquanto passo com uma carimbeira, molhem o dedo nela para carimbarem sua digital no papel. Depois complementem a marca que ficou no papel, dando uma identidade a essa marca, conforme o estado de ânimo que você chegou no encontro.

Agora lanço um desafio a cada um de vocês: alguém consegue apagar a marca que a digital deixou no papel? Observação: apagar sem usar nenhuma borracha ou corretivo! É possível?

(deixar que falem)

Não é possível! Vocês marcaram este papel para sempre, selaram com a impressão digital.

Alguém já viu os vaqueiros selarem (ou marcarem) o gado? Por que fazem isso? Para deixar claro que aquele boi ou vaca tem dono, pertence a alguém.

Também nós, com o sacramento da Crisma, seremos marcados com o "selo do Espírito Santo" indicando que temos dono, que pertencemos a Deus e queremos assumir sua missão. A Confirmação é dada uma só vez, pois imprime na alma uma marca indelével, o "caráter", que é o sinal de que Jesus Cristo assinalou o cristão com o selo de seu Espírito, revestindo-o da força do alto para ser sua testemunha.

Vocês acham que o cálice que o Padre usa na missa poderia ser usado para colocar um refrigerante ou qualquer outra coisa? Por quê? *(deixar que falem)*.

É claro que isso não ficaria bem! Assim como aquele cálice foi separado para ser usado apenas na consagração, para receber o "Sagrado", também cada um de nós, pelo sacramento da Crisma seremos "consagrados pelo Espírito Santo", ou seja, reservados, separados para viver a plenitude da vida que Cristo deseja para nós, a vida dos discípulos missionários.

Em um instante de silêncio reflita: Dentro de um cálice consagrado um refrigerante "não ficaria bem". Você será consagrado! Será que qualquer coisa pode ser colocada dentro de seu coração, de sua vida? O que não fica bem?

(instante de silêncio)

Cantemos para receber aquilo que sempre cai bem dentro de nós: a Palavra de Deus.

Canto: "Fala Senhor" (Márcio Todeschini)
*Deus quer falar comigo
em coisas tão pequenas,
nas coisas simples.*

*E eu quero ouvir Sua voz...
Preciso estar atento a todo movimento
do Céu em direção a mim.*

*Fala Senhor, preciso ouvir sua voz,
Eis aqui o teu servo...
Fala no irmão, na Palavra, Senhor,
e no meu coração.*

1 - LEITURA ORANTE

(conduzida pelo catequista)
Ler o texto: At 8,14-15.17
"Os apóstolos que estavam em Jerusalém, tendo ouvido que a Samaria acolhera a Palavra de Deus, enviaram-lhes Pedro e João. Estes, descendo até lá, oraram por eles, a fim de que recebessem o Espírito Santo. Então começaram a impor-lhes as mãos, e eles recebiam o Espírito Santo".

a) Vamos **recapitular** o texto:

Este texto nos diz que:

– Os apóstolos enviaram Pedro e João até a Samaria, porque lá o povo estava acolhendo a Palavra de Deus.

– Pedro e João foram e rezaram pelo povo pedindo o Espírito Santo. Eles impuseram as mãos sobre as pessoas e elas receberam o Espírito Santo.

b) Vamos **descobrir** o que Deus está nos dizendo mediante esta Palavra:

Coloque suas mãos sobre suas pernas, abaixe sua cabeça e feche seus olhos.
Coloque-se nesta cena com os discípulos....
Imagine a alegria dos apóstolos quando receberam a notícia de que o povo da Samaria estava acolhendo a Palavra de Deus. Tente ver a alegria que está no rosto dos apóstolos... Alegre-se com eles você também.
Veja Pedro e João caminhando em direção à Samaria. Perceba a disposição dos dois em sair ao encontro daquele povo, sair em missão. Ponha-se a caminho com eles.
Eles têm pressa e, ao chegarem, rezam pelas pessoas.
Reze também por tantas pessoas que você conhece e que estão sedentas do amor de Deus.
Os apóstolos impõem as mãos sobre as pessoas e elas são agraciadas com o Dom do Espírito Santo. Olhe para o rosto dessas pessoas, perceba a alegria por receberem tamanha graça. Deseje esta graça também. Está se aproximando o momento em que você receberá a imposição das mãos de um dos sucessores dos apóstolos. Vá agradecendo a Deus por tão grande presente. *(instante)*

c) Abra devagar os seus olhos porque vamos **partilhar** 2 a 2. Expresse ao seu amigo o que você sente vontade de dizer a Deus...

Comente com ele o que vem em seu coração neste momento de expectativa em ser crismado.

d) Antes de encerrarmos a oração, é hora de se **comprometer**. Coloque a mão em seu coração, feche seus olhos e escolha uma atitude para tornar a sua oração um gesto concreto nesta semana.

2 - FATO DA VIDA (Jesus no meio de nós)

Objetivo: Perceber a presença de Jesus nas situações concretas da vida.

Um sacramento é um sinal que torna visível uma realidade invisível.

Vamos refletir com um exemplo:

Já aconteceu de você chegar em um lugar e sentir o perfume de alguém que você conhece, percebendo que ela passou por ali?

Por que isso acontece? Porque conhecemos essa pessoa a tal ponto de a identificarmos pelo perfume. O perfume se tornou a marca que identifica a pessoa. Aquele cheiro nos remete à pessoa, mesmo que não a estejamos vendo.

Assim também é com o óleo perfumado do Crisma. Ele indica que o Espírito Santo está ali, presente em nós! Apesar de não estarmos vendo a pessoa do Espírito Santo, é o perfume deste óleo que nos fará identicar sua presença em nós.

Agora tente identificar algumas situações concretas nas quais você percebeu a presença de Deus.

(O catequista motiva para que alguns catequizandos contem um fato de sua vida.)

Gostaria que alguns de vocês contassem uma situação que aconteceu em suas vidas, ou em suas famílias, na qual foi possível perceber a presença de Jesus e a ação dele. Em algumas situações, Deus deixa seu perfume para que o percebamos. *(deixar que falem)*

3 - REFLEXÃO

Com o jogo da memória aprenderemos o que o Catecismo da Igreja Católica (do número 1285 até o número 1321) explica sobre o sacramento da Crisma.

Jogo da memória *(Orientado pelo catequista)*

1) Fazer duas colunas com os cartões (recortados do Anexo). Numa coluna estarão os cartões com os desenhos, na outra coluna, os cartões com os textos que explicam os desenhos. Cuidar para que os cartões correspondentes às figuras estejam embaralhados.
2) Formar dois grupos para o jogo da memória.
3) Um grupo desvira um desenho e uma explicação – se a explicação não corresponder ao desenho, as duas cartas são viradas novamente e passa-se a vez para outro grupo. Caso o grupo acerte, continua jogando.
4) O jogo segue até que todos os pares de cartões sejam abertos corretamente, conforme a sequência a seguir.

Desenho do Bispo – **Ministro da Crisma.**

Explicação: **Os Bispos são os ministros da Crisma.** Como os Apóstolos, eles continuam a exercer a função de transmitir o Espírito Santo àqueles que creram e foram batizados. Mas, em casos especiais, o sacerdote também pode administrar o sacramento da Crisma, com a autorização do Bispo.

Desenho do óleo perfumado – **Santo óleo do Crisma.**

Explicação: **O crismando é ungido com o óleo perfumado do Crisma.** Esta unção designa e imprime o selo espiritual. A unção é rica de significados: o óleo é sinal de abundância e de alegria, ele purifica (unção antes e depois do banho) e torna ágil (unção dos atletas e dos lutadores), é sinal de cura, pois ameniza as contusões e as feridas, e faz irradiar beleza, saúde e força.

A unção com o santo crisma na Confirmação é o sinal de uma consagração. Pela Confirmação os que são ungidos participam mais intensamente da missão de Jesus e da plenitude do Espírito Santo, de que Jesus é cumulado, a fim de que toda a vida deles exale "o bom odor de Cristo".

Desenho das mãos – **Imposição das mãos**

Explicação: Para comunicar o Espírito Santo, dom de Deus, o Bispo realiza a **imposição das mãos**. Ele estende as mãos sobre o conjunto dos confirmandos, gesto que, desde o tempo dos Apóstolos, é o sinal do dom do Espírito. Cabe ao Bispo invocar a efusão do Espírito.

Desenho da pomba – **Paz: dom do Espírito**

Explicação: A **saudação da paz**, que encerra o rito do sacramento da Crisma, significa e manifesta a comunhão eclesial com o Bispo e com todos os fiéis.

Este encontro é de *DIDASKALIA*, porque nos ensinou que, mediante a unção com óleo crismal, recebemos o Espírito Santo. O que você aprendeu hoje?

_____

_____

---

4 - ORAÇÃO FINAL

Para finalizar nosso encontro, vamos conhecer e rezar o *Veni Creator*, que é um hino da Igreja Católica em honra ao Espírito Santo. Desde que foi composto, no século IX, este hino nunca deixou de ser ressoado na Igreja em momentos importantes, principalmente na Festa de Pentecostes.

Vamos rezá-lo, pedindo que o Espírito Santo encha nossos corações da graça divina.

"Vem, Espírito Criador!" (*Veni Creator Spiritus*)
Vinde, Espírito Criador, a nossa alma visitai
e enchei os corações com vossos dons celestiais.
Vós sois chamado o Intercessor de Deus, excelso dom sem par,
a fonte viva, o fogo, o amor, a unção divina e salutar.
Sois o doador dos sete dons e sois poder na mão do Pai,
por Ele prometido a nós, por nós seus feitos proclamai.
A nossa mente iluminai, os corações enchei de amor,
nossa fraqueza encorajai, qual força eterna e protetor.
Nosso inimigo repeli, e concedei-nos a vossa paz,

se pela graça nos guiais, o mal deixamos para trás.
Ao Pai e ao Filho Salvador, por vós possamos conhecer
que procedeis do seu amor, fazei-nos sempre firmes crer.
Amém!

IMPORTANTE ⇨ **Leia com seus pais em casa e reflita com eles:**

Qual a importância da presença do **padrinho ou madrinha de crisma**?

Durante a imposição das mãos e unção com óleo, no rito da Crisma, você não estará sozinho. O padrinho ou a madrinha estará com você, com a mão direita sobre seus ombros.

A presença do padrinho ou da madrinha é uma forma simbólica de tornar visível em sua vida o Espírito Santo como defensor e protetor.

Seu padrinho ou madrinha será alguém que o apoiará, alguém a quem você poderá recorrer para se manter firme nas dificuldades e adversidades, alguém que sempre o estimulará para se arriscar no combate da vida, com a força e a graça de Deus.

Durante o rito da confirmação, seu padrinho ou madrinha colocará a mão direita sobre seu ombro, porque o ombro é uma região que indica força, firmeza. Esse gesto de colocar a mão em seu ombro transmite uma bela mensagem:

"Que bom que você está aqui, diante da Igreja, para receber o sacramento da Crisma. Estou ao seu lado na busca por sua felicidade, que só será alcançada com a ajuda do Espírito Santo. Seja fiel ao seu compromisso de discípulo missionário, em seu interior habita Deus, siga seu caminho e nunca deixe de confiar Nele!"

Com a mão em seu ombro, o padrinho ou madrinha também está dizendo que você nunca estará sozinho, há muitas pessoas que o amparam, que vão pela vida com você e com quem poderá sempre contar (pais, irmãos, familiares, amigos, sua comunidade cristã). Por meio delas você poderá EXPERIMENTAR a força do Espírito Santo, que lhe confortará, defenderá e animará nos momentos de dificuldade e desânimo.

Portanto pense em tudo isso ao escolher seu padrinho ou madrinha. Não é apenas alguém que vai ocupar um lugar durante o rito, mas é uma pessoa que se comprometerá com você para acompanhar seu caminho de fé, e tudo o que você possa necessitar para crescer e se desenvolver como pessoa e como cristão. É alguém em quem você poderá confiar e recorrer sempre que precisar.

O *Diretório Sacramental da Diocese de Ponta Grossa* apresenta algumas condições para alguém tornar-se padrinho ou madrinha de Crisma. Leia o quadro com atenção e considere o que nossa Igreja nos pede:

As condições para tornar-se padrinho, no sacramento da Crisma, são as mesmas do Batismo, ou seja:

1) Seja designado pelo próprio crismando, por seus pais ou por quem lhes faz as vezes, ou, na falta deles, pelo próprio pároco ou ministro, e tenha aptidão e intenção de cumprir esse encargo;

2) Tenha completado dezesseis anos de idade, ou pareça ao pároco ou ministro que se deva admitir uma exceção por justa causa;

3) Seja católico, confirmado, já tenha recebido o santíssimo sacramento da Eucaristia e leve uma vida de acordo com a fé e o encargo que vai assumir;

4) Não tenha sido atingido por nenhuma pena canônica legitimamente irrogada ou declarada;

5) Não seja pai ou mãe do crismando.(cc. 893§1 e 874§2)

É conveniente que se tome como padrinho o mesmo que assumiu este encargo no Batismo. (c. 893 § 2)

17º Encontro
Crismados para serem discípulos missionários

Expectativa para o encontro:

- Refletir sobre o significado de ser discípulo missionário.
- Conhecer o testemunho de fé de alguns santos da Igreja.
- Comprometer-se a testemunhar a fé com gestos concretos.

Providenciar:

- Bíblia
- tecido da cor do tempo litúrgico
- figuras que mostrem diversos desafios da atualidade (guerras, desunião familiar, drogas, desemprego etc.). Quantidade de figuras: o dobro do número de catequizandos para que possam escolher.
- figuras de santos.
- imagem de Nossa Senhora.

Ambiente:

- Colocar o tecido da cor do tempo litúrgico no centro da sala do encontro e sobre ele preparar uma estante onde serão colocadas a Bíblia e uma imagem de Nossa Senhora.
- Preparar o ambiente com diversas imagens e figuras de santos.

Formando e preparando o catequista para o encontro

Ser discípulo de Jesus é testemunhar com a própria vida, por meio de gestos e palavras, que a fé professada é motivo de alegria, esperança na salvação e impulso para a missão. Jesus, antes de voltar para o Pai, ordena a todos aqueles que o querem seguir que anunciem para todo mundo o Evangelho.

Evangelho é uma palavra de origem grega que significa "boa notícia", a qual se identifica perfeitamente com a pessoa de Jesus de Nazaré. A boa notícia é que Jesus, por amor a cada um de nós, desceu do céu e se tornou humano, no ventre de Nossa Senhora, para viver conosco. E a sua vida e missão, no dom da oferta da cruz e vitória da Ressurreição, nos elevam até o Pai.

Jesus, sendo Deus desde sempre, entra na nossa história quando foi gerado pelo Espírito Santo no ventre de Maria. E tendo se tornado um de nós, vivendo nossa vida e sofrendo o que a humanidade sofreu, também morreu. Porém, diferente de qualquer outro ser vivo antes ou depois dele, Jesus ressuscitou dentre os mortos e enviou-nos o Espírito Santo, que nos unge para a missão e nos dá acesso à vida eterna.

Acolhemos esta verdade porque confiamos naquele que é a boa notícia, Jesus, e sabemos que Ele nos ama e é incapaz de mentir para nós.

O melhor método de se transmitir a boa notícia é testemunhar com convicção e alegria aquilo que nós mesmos experimentamos e acreditamos. Assim, tornar-se discípulo de Jesus é se fazer amigo dele, imitar sua vida, que foi vivida para fazer o bem. É perdoar as ofensas, como Ele mesmo perdoou, enfim é viver a nossa vida na mesma dinâmica e no mesmo compromisso com o qual Jesus viveu sua vida.

Pela Crisma, nós somos marcados pelo selo do Espírito para ter a força de viver a vida de Jesus e sermos suas testemunhas. E, sendo discípulos missionários de Jesus, queremos fazer outros discípulos dele. Isso é ser missionário, capaz de experimentar a alegria de seguir Jesus e de chamar outras pessoas para que experimentem essa alegria também.

O Documento de Aparecida, ao falar da alegria de ser discípulos missionários de Jesus Cristo, nos apresenta essa alegria como um antídoto diante de um mundo atemorizado pelo futuro e oprimido pela violência e pelo ódio:

"Desejamos que a alegria que recebemos no encontro com Jesus Cristo, a quem reconhecemos como o Filho de Deus encarnado e redentor, chegue a todos os homens e mulheres feridos pelas adversidades; desejamos que a alegria da boa-nova do Reino de Deus, de Jesus Cristo vencedor do pecado e da morte, chegue a todos quantos jazem à beira do caminho, pedindo esmola e compaixão (Lc 10,29-37). Conhecer Jesus é o melhor presente que qualquer pessoa pode receber; tê-lo encontrado foi o melhor que ocorreu em nossas vidas, e fazê-lo conhecido com nossa palavra e obras é nossa alegria" (Doc Ap 29).

Depois do estudo do texto, procure rezar, meditar e vivenciar a Palavra, preparando-se para o Encontro.

ENCONTRO DE *MARTYRIA* (TESTEMUNHO):

Martyria é o testemunho de fidelidade a Cristo dado pelos Apóstolos, os discípulos missionários.

1 - ACOLHIMENTO

Sejam bem-vindos para este encontro no qual seremos motivados e aprenderemos a testemunhar a fé, como fizeram os apóstolos e tantos santos da Igreja!

(Pegar a Bíblia.)

Olhando para a Palavra que é Jesus, vamos responder esta saudação da Igreja: "O Senhor esteja convosco!".

(Colocar a Bíblia sobre o tecido.)

Todos: Ele está no meio de nós.

Vimos no encontro anterior que, por meio da Crisma, nós seremos marcados com o selo do Espírito Santo para que sejamos discípulos missionários de Jesus. Um discípulo deve testemunhar com a sua vida o amor de Deus para que mais pessoas se tornem amigos e discípulos de Jesus. O discípulo é capaz de experimentar a alegria de seguir Jesus, tornando-se um missionário, porque sua vida é um chamado a outras pessoas para que experimentem essa alegria também.

2 - ESPIRITUALIDADE

Ouçamos o texto bíblico de Jo 1,35-42.

(Ler o texto pausadamente.)

Cantemos, pedindo a graça de entender melhor a Palavra de Deus que acabamos de ouvir:

Canto: "Eu vim para escutar" (Pe. Zezinho)

Eu quero entender melhor, tua Palavra, tua Palavra, tua Palavra de amor. (*2 vezes*)

Neste texto vemos em André o exemplo do discípulo missionário. André encontrou Jesus e, como discípulo, permaneceu com Ele. Depois levou Pedro ao encontro do Senhor, sendo missionário.

O discipulado inicia-se pelo encontro com Jesus, que desperta para seu seguimento.

Por quais meios, pessoas ou formas podemos fazer a experiência do encontro com Jesus hoje? *(deixar que falem)*

A Igreja nos apresenta alguns meios eficazes para o encontro com o Senhor: A Sagrada Escritura, a Liturgia, os sacramentos, a oração pessoal e comunitária, a comunidade de fé, os testemunhos de luta pela justiça, pela paz e pelo bem comum, os acontecimentos da vida e especialmente os pobres, aflitos, enfermos.

Também encontramos Jesus através de Maria, a discípula mais perfeita do Senhor.

Encontramos Jesus no testemunho dos apóstolos, dos santos e de tantos homens e mulheres que espalharam em toda a parte as sementes do Evangelho, vivendo corajosamente sua fé, inclusive derramando seu sangue como mártires.

Vamos conhecer a vida de alguns santos da Igreja e perceber o testemunho de fé que deram.

Formaremos seis grupos e cada um vai ler a história de um dos santos no Anexo referente ao Encontro 17.

(Formar os grupos e organizar a escolha dos santos que cada um irá ler.)

Recorte do Anexo e cole aqui o santo que seu grupo estudou:

3 - VER A REALIDADE

(Espalhar no chão as figuras de desafios da realidade atual.)

Cada catequizando do grupo vai olhar para as figuras no chão, escolher uma e relacionar aquela situação com o testemunho de fé daquele santo que leram. *(tempo para que escolham)*

Agora faremos a apresentação dos grupos a partir das seguintes instruções:

a) Cada grupo vai apresentar o Santo que estudou e contar um pouco a vida dele, a partir do que leram.

b) Cada grupo vai mostrar algumas das figuras que escolheram e relacionar com o testemunho de fé daquele santo que leram.

c) Após a apresentação de cada grupo, refletiremos sobre as seguintes questões:

Como essa situação de desafio continua a nos atingir hoje?

Como nós podemos dar nosso testemunho de fé, a partir do exemplo dos santos e dos apóstolos diante desta situação?

(Organizar a ordem das apresentações e o momento das reflexões.)

4 - ILUMINAR

Os apóstolos e os santos foram grandes amigos de Jesus, discípulos missionários que empenharam toda a vida para testemunhar a fé e transformar a realidade. Ser discípulo é bem mais do que "admirar uma pessoa". No itinerário da missão apresentado por Jesus, ser discípulo é ver Nele o único Mestre, é fazer do projeto de Jesus o seu jeito de viver.

Os discípulos de Jesus não se limitavam a transmitir o que o Mestre havia dito, palavra por palavra, mas a ser "testemunhas" da vida e dos fatos que Jesus realizava para questionar a realidade a fim de que ela fosse modificada a partir dos valores do Evangelho.

Vamos iluminar nossa reflexão a partir do que a Igreja nos ensina no *Documento de Aparecida*:

Como tantos homens e mulheres chegaram a ser discípulos de Jesus a ponto de dar a vida por Ele?

> O *Documento de Aparecida* diz: "Os que se sentiram atraídos pela sabedoria das palavras de Jesus, pela bondade do seu tratamento e pelo poder dos seus milagres, pelo assombro inusitado que despertava sua pessoa chegaram a ser discípulos de Jesus" (DAp 21).

Jesus não formou seus discípulos para que ficassem parados, presos em si mesmos, sedentários, mas os associou a suas andanças missionárias. O discípulo é chamado a ser missionário. A missão da Igreja é aquela recebida pelos

Apóstolos no dia da Ascensão do Senhor, no monte da Galileia: "Vão e façam com que todos os povos se tornem meus discípulos" (Mt 28,19). Essa missão se torna possível pela força do Espírito Santo prometido por Jesus: "O Espírito Santo descerá sobre vocês, e dele receberão força para serem minhas testemunhas... até os extremos da terra" (At 1,8).

> Este encontro é de *MARTYRIA* porque nos ajuda a ser testemunhas de Jesus Cristo. A partir do encontro de hoje, como a vida dos santos o inspira a testemunhar a fé, sendo discípulo missionário de Jesus?

5 - COMPROMISSO – AGIR CRISTÃO

Pesquise a vida de três pessoas que são testemunhas da fé. Podem ser santos ou membros da comunidade de fé. Cole nos quadros abaixo figuras ou fotos dessas pessoas e escreva uma frase que sintetize o que mais marca a vida delas como discípulos missionários de Jesus.

Obs.: No encontro 20 faremos uma "festa à fantasia". Escolha uma dentre as três pessoas pesquisadas e se aprofunde no estudo de seu testemunho de fé, especialmente sobre como essa pessoa se colocou a serviço da vida. Procure criar um figurino (fantasia) desse santo. Você deverá trazer no encontro 20 o figurino que montou para se caracterizar para a festa e também saber contar um pouco da vida do santo, para apresentar aos colegas, durante a festa.

18º Encontro
A vocação dos discípulos missionários à santidade

Expectativa para o encontro:

- Perceber no que consiste o caminho da santidade.
- Celebrar a fé, superando os obstáculos do caminho, na alegria de ser sal e luz do mundo.

Providenciar:

- Bíblia
- 1 vela para cada catequizando
- 1 recipiente grande com água (ou uma piscina plástica pequena) para que os catequizandos possam passar dentro dele
- tecidos brancos para delimitar o caminho
- 1 vela grande
- saquinhos com sal para cada participante
- 5 cartazes. Cada um deles deve trazer, na frente, uma palavra escrita e, no verso, uma frase. São elas:

  1. Dinheiro (Jesus viu muita gente preocupada apenas em enriquecer, insensíveis às desigualdades sociais. A sua resposta foi viver no desapego.)

  2. Poder (Jesus viu muita gente agarrada ao poder e a exercê-lo sem medidas. E Ele fez da sua vida um serviço.)

  3. Prestígio (Jesus viu gente que procurava o prestígio, as honras sociais, os aplausos dos outros. E recomendou aos seus seguidores que se comportassem com simplicidade.)

  4. Marginalização (Jesus viu gente desprezada e marginalizada. Mas como Ele não tem preconceitos, vai ao encontro de todos e os acolhe.)

  5. Egoísmo (Jesus viu muito egoísmo no coração das pessoas, que dava origem a uma sociedade cruel, e anunciou uma única lei: a do Amor!)

Ambiente:

- Preparar um caminho no corredor central com tecidos brancos nas laterais e os cinco cartazes espalhados na primeira parte do caminho.
- Colocar no final do caminho um recipiente grande ou pequena piscina plástica com água para que os catequizandos passem, molhando os pés.
- Colocar uma toalha ou panos no chão para secar os pés quando saírem da água.
- Deixar uma vela grande acesa num local apropriado, próximo ao final do caminho.

Formando e preparando o catequista para o encontro

Vocação é um chamado dirigido a alguém. Um chamado que precisa de uma resposta. O chamado é sempre iniciativa de Deus, que nunca deixa de convidar cada homem e cada mulher para estar em sua presença, vivendo no seu amor.

O chamado de Deus é uma graça, um dom que todo ser humano recebe. O primeiro chamado que Deus nos faz é para a vida. Cada um de nós hoje está aqui porque Deus nos chamou a existir.

Assim que nascemos, cada um de nós recebe um segundo chamado: para nos tornarmos filhos e filhas de Deus. A concretização desse chamado se dá por meio do sacramento do Batismo. É pelo Batismo que somos incorporados a Jesus Cristo e à sua Igreja e nos tornamos filhos e filhas de Deus. Nascemos para a vida cristã, recebemos em nós a vida divina, somos templos do Espírito Santo e, por isso, chamados à santidade.

No entanto, cada um de nós é livre para fazer suas escolhas. Se escolhemos o bem, a companhia do Espírito Santo e os ensinamentos de Jesus, começamos a trilhar um caminho de santidade, que é a vocação fundamental de todo aquele que recebe o Batismo. Se optamos por uma vida afastada dos valores do Evangelho, abrimos espaço para o mal.

Ser santo é acolher a vida de Deus em nós e praticá-la, optar pelo bem, passar pelo mundo fazendo o bem. Ser santo é perdoar as ofensas, viver a alegria que vem de Deus, cultivar amizades, ser respeitoso e responsável, estudar com empenho, não caluniar ou mentir, mas sempre estar do lado da verdade, mesmo quando os demais não desejam ser verdadeiros. Ser santo é afastar-se das drogas e das seduções que conduzem à morte. Ser santo é rejeitar o aborto e cultivar a paz.

A vocação à santidade precisa de uma resposta. A resposta está ao nosso alcance. Ser santos é uma resposta de amor ao chamado que Jesus nos fez para viver a sua vida, amando a Deus sobre todas as coisas e aos irmãos.

O *Documento de Aparecida*, no capítulo IV, ao falar que os discípulos missionários são chamados à santidade, destaca quatro pontos:

1. Chamados ao seguimento de Jesus Cristo: o chamado de Jesus implica uma grande novidade. Ele nos chama não para termos uma função, mas antes de tudo para estarmos com Ele, fonte de vida (Jo 15,1-5), e viver como Ele viveu.

2. Parecidos com o Mestre: o discípulo fica fascinado e admira a pessoa de Jesus. Isso leva a uma adesão, a uma entrega total, a responder aquele "sim" que compromete radicalmente. É preciso buscar a Santidade pela Leitura orante da Bíblia, pelos sacramentos da Eucaristia e da Reconciliação e na vivência na comunidade, onde se aprende a partilha e a solidariedade.

3. Enviados a anunciar o Evangelho: a missão que Jesus nos dá é anunciar o Evangelho do Reino a todas as nações (Mt 28,19). Jesus chama seus discípulos a serem missionários, e esse é o caminho para a santidade.

4. Animados pelo Espírito Santo: o Espírito Santo conduzia Jesus nos caminhos da missão, na preparação, na oração e jejum, no deserto e durante sua vida. Esse mesmo Espírito foi derramado sobre a Igreja, a partir de Pentecostes, para que a Evangelização acontecesse com a vitalidade missionária dos carismas e ministérios.

Depois do estudo do texto, procure rezar, meditar e vivenciar a Palavra, preparando-se para o Encontro.

ENCONTRO DE *LITURGIA* (CELEBRAÇÃO)

Liturgia é celebração memorial da entrega de Cristo, para a glória do Pai, que santifica o discípulo missionário.

1 - CELEBRANDO A VIDA NA PRESENÇA DE DEUS

Na alegria de termos sido chamados a ser discípulos missionários de Jesus, iniciemos nosso encontro, ouvindo uma história que vai nos ajudar a perceber como se vive a santidade:

Conta-se que um homem, desejando alcançar a santidade, retirou-se do convívio dos demais e recolheu-se a uma gruta.

Seu único alimento consistia em raízes, avelãs e um pouco de pão que, eventualmente, alguns camponeses lhe davam.

Passava o dia inteiro rezando e lendo a Sagrada Escritura. De hora em hora, durante a noite, levantava-se para rezar. Passados alguns anos, rogou a Deus:

– Senhor, mostra-me alguém que tenha conseguido maior santificação do que eu. Assim poderei melhorar minha própria vida.

Atendendo a sua prece, o Senhor lhe enviou um anjo, que lhe disse:

– Amanhã vá à cidade e no mercado encontrarás um palhaço. Ele é o homem que procuras.

O homem ficou um pouco desapontado, pois acreditava que não houvesse ninguém melhor que ele. Mas fez o que lhe foi dito. Na praça pública viu um palhaço que tocava música, entoava uma canção, em seguida fazia uns truques de mágica. Depois passava o chapéu para recolher as moedas.

Terminada a apresentação, o homem com desgosto, puxou o palhaço para um canto da praça e perguntou o que ele fizera de bom, que orações e penitências ele teria feito para ser tão amado por Deus.

O sorriso desapareceu da boca do palhaço e ele disse:

– Homem, não zombe de mim. Não me recordo de ter feito alguma caridade. Tudo que sei é tocar minha flauta, rir e cantar por alguns trocados.

Mas o homem, que se considerava santo, insistiu. Contudo o palhaço não se lembrava de nada de bom que tivesse feito.

Finalmente, o homem perguntou-lhe se ele sempre fora palhaço. Então, o palhaço lhe disse:

– De verdade, não. Há alguns anos, ganhei uma grande quantia como herança depois da morte de meu pai. Tomei dos valores e, quando estava andando pela estrada, vi uma mulher, cansada, chorando. Parecia ter sido perseguida por ferozes inimigos. Então me aproximei e perguntei o que havia acontecido. Ela falou que seus filhos e seu marido haviam sido levados como escravos para pagamento de uma dívida. Falou também que logo seria levada como escrava para o pagamento final.

É claro que eu lhe dei todo o dinheiro para que ela comprasse a própria liberdade e a liberdade da sua família. Isso explica minha pobreza. Não houve mérito nenhum. Qualquer um faria o mesmo. É um ato tão banal que até mesmo me esquecera dele.

O homem entendeu, então, porque Deus considerava aquele simples palhaço melhor que ele.

Aprendeu que fora muito egoísta afastando-se dos homens, porque há muitas formas de servir a Deus.

Alguns o servem nas estradas, ajudando em necessidade ou desespero. Outros vivem nos lares trabalhando, educando seus filhos, mantendo-se alegres e gentis.

Outros suportam com paciência suas dores. Enfim, infinitas são as maneiras de servir a Deus e viver na santidade, tantas e diversas que somente o Pai Celestial as vê e conhece.

O servidor do Cristo deve deixar que brilhe a sua luz, renunciando a si mesmo e dedicando-se ao semelhante.

Quem serve verdadeiramente não busca recompensa nem agradecimentos. Não se preocupa com a ingratidão. Serve pela satisfação e a honra de servir, sendo sal da terra e luz do mundo.

2 - APROFUNDANDO A FÉ

O *Documento de Aparecida*, no número 147, nos ensina que:

Jesus saiu ao encontro de pessoas em situações muito diferentes. Homens e mulheres, pobres e ricos, judeus e estrangeiros, justos e pecadores, e convidou-os a segui-lo. Hoje, segue convidando a encontrar nele o amor do Pai. Por isso mesmo, o discípulo missionário há de ser um homem ou uma mulher que torna visível o amor misericordioso do Pai, especialmente aos pobres e pecadores.

Ao participar desta missão, o discípulo caminha para a santidade.

Vamos ouvir o texto de Lc 10,30-37 e rezar a Palavra de Deus com os quatro passos da Leitura Orante:

Neste 1º **passo** da Leitura Orante, vamos relembrar o que ouvimos no Evangelho. O que diz nesta Palavra? O que o texto bíblico narra?

Fala sobre um homem que foi assaltado, despojado de suas vestes, ficou caído, necessitado de socorro.

Passaram por ele algumas pessoas. Duas viram a situação e prosseguiram.

Uma pessoa da região da Samaria que estava em viagem chegou perto dele, o viu e, movido de compaixão, aproximou-se, cuidou dele e o levou à hospedaria, envolvendo o dono dela no cuidado. O samaritano assumiu o compromisso de pagar o que fosse necessário quando voltasse da viagem.

Jesus ensinou que "ser próximo do outro" significa usar de misericórdia.

Ao final desta parábola, Ele nos dá uma missão dizendo: "Vai, e também faz tu o mesmo!".

Na Palavra é Deus quem está falando! O que Ele diz para mim nesta Palavra? É o 2º **passo** para irmos em profundidade na oração.

- Feche seus olhos por um instante (*pausa*). Posicione-se para que a experiência de oração seja frutuosa.
- Coloque-se na cena deste Evangelho.

- Imagine-se na estrada de sua vida, caminhe nela, perceba os desafios que ela apresenta...
- Que situações assaltam sua vida, sua família, seu coração? O que elas roubam de você?
- Como você se sente nesta condição? Fragilizado, caído?
- Quem são os rostos que você tem visto passar indiferentes a sua situação? De onde eles são?
- Sinta que alguém se aproxima de você. Mesmo estando em viagem e tendo algo a fazer, você é a prioridade dele. Quem é ele? Que rosto tem essa pessoa que para, o vê, sente compaixão por você, se aproxima e cuida de suas feridas?
- Jesus é o personagem desta parábola. Ele, vindo de viagem do seio da Trindade, se aproxima diante da humanidade assaltada pelo pecado, caída e ferida.
- Deixe-se encontrar por Jesus, permita que Ele cuide de você e o levante!
- Sinta Jesus levando você até a hospedaria, onde terá todos os cuidados necessários sob a responsabilidade dele.
- A comunidade é a hospedaria capaz de sarar nossas feridas.
- Esta parábola não foi contada apenas para que identificássemos os personagens, mas para que quem a ouve receba de Jesus um mandato, uma missão: "Vai, e também tu, faze o mesmo".
- Acolha essa palavra de Jesus em seu coração. Abra seus olhos, e vamos dizer juntos: "Vai, e também tu, faze o mesmo".

O **3º passo**: O que esta Palavra me faz sentir vontade de dizer a Deus?
- Preciso pedir algo? Desejo agradecer?
- Fale com Deus no silêncio do seu coração! *(breve instante)*

Qual será o meu compromisso com esta Palavra? Como olho para a realidade a partir dela? É o 4º **passo** do compromisso levar a oração ao concreto da vida.
- Como você responderá a este mandato, a esta missão que Jesus lhe dá: "Vai, e também tu, faze o mesmo".
- Onde você precisa ir? O que você sente que Jesus lhe chama a fazer?
- Para finalizar a oração, dê um abraço em seu amigo dizendo: "Eu vou fazer o mesmo!".

3 - CELEBRANDO A FÉ

Com o coração cheio de alegria pelo encontro que fizemos com Jesus na Palavra, vamos celebrar!

Na Liturgia celebramos a nossa fé. Mas, para celebrarmos bem, precisamos entender o que significa celebrar.

A palavra celebrar vem da raiz CÉLEBRE, que significa "importante", "significativo". A Liturgia é uma forma de demonstrar que é importante a ação que

Deus realiza, que para mim é significativo o que Deus pode fazer quando ofereço a Ele minhas realidades. Celebrar é saber que o que Deus fizer com aquilo que coloco em suas mãos estará benfeito, porque o Pai quer salvar. O Filho realiza a salvação, e o Espírito atualiza essa ação do Pai e do Filho "no hoje", alcançando para nós a salvação.

Celebrar é reconhecer o quanto é significativo ou importante para a minha vida aquilo que Deus realizou e pode realizar.

Nesta celebração, Deus quer nos ajudar a compreender os passos do caminho da santidade.

Vocês perceberam que há um caminho diante de nós?

Vamos retirar os sapatos, nos posicionar em fila com o manual em mãos, e cada um vai passar pelo caminho. Os primeiros catequizandos da fila encontrarão algumas palavras que expressam os obstáculos ao caminho da santidade. Deverão pegar o cartaz onde está escrita uma palavra, ler o que está escrito para todos e em seguida virar o cartaz e ler a frase que está no verso. Ali está a forma como Jesus ensinou seus discípulos a que superassem os obstáculos e prosseguissem buscando a santidade.

- Primeiro cartaz: Dinheiro (Jesus viu muita gente preocupada apenas em enriquecer, insensíveis às desigualdades sociais. A sua resposta foi viver no desapego.)
- Segundo cartaz: Poder (Jesus viu muita gente agarrada ao poder e a exercê-lo sem medidas. E Ele fez da sua vida um serviço.)
- Terceiro cartaz: Prestígio (Jesus viu gente que procurava o prestígio, as honras sociais, os aplausos dos outros. E recomendou aos seus seguidores que se comportassem com simplicidade.)
- Quarto cartaz: Marginalização (Jesus viu gente desprezada e marginalizada. Mas como não tem preconceitos, vai ao encontro de todos e os acolhe.)
- Quinto cartaz: Egoísmo (Jesus viu muito egoísmo no coração das pessoas, que dava origem a uma sociedade cruel, e anunciou uma única lei: a do Amor!)

(Orientar os cinco primeiros catequizandos, após lerem os cartazes, a fazer uma parada.)

Façamos uma pausa no caminho para refletir. Ficaremos presos nos obstáculos ou vamos seguir as indicações de Jesus? *(instante de silêncio)*

Digamos juntos:

Todos: É com Jesus nosso compromisso! Somos seus discípulos missionários e queremos seguir pelo caminho da santidade.

(Entregar a cada catequizando uma vela e um saquinho de sal.)

Rezemos juntos, levantando nossos símbolos:

– Num mundo sem alegria, queremos ser SAL, que dá um novo sabor à vida, tornando os homens mais felizes!

Cantemos: "Eis-me aqui, Senhor!" (autor desconhecido)

Eis-me aqui, Senhor! Eis-me aqui, Senhor!
Pra fazer tua vontade, pra viver do teu amor,
Pra fazer tua vontade, pra viver do teu amor,
Eis-me aqui, Senhor!

– Num mundo onde se multiplicam as trevas do mal e da mentira, queremos ser LUZ que indica caminhos de felicidade.

Cantemos:

O Senhor é o Pastor que me conduz,
Por caminhos nunca vistos me enviou.
Sou chamado a ser fermento sal e luz
E por isso respondi: aqui estou!

Prossigamos em nosso caminho. No dia do nosso Batismo, recebemos o chamado à santidade. É a vocação de todo batizado. No fim do caminho vemos a água. Renovando nossa adesão ao projeto de Salvação ao qual fomos incorporados no Batismo, passemos pela água em clima de oração.

Relembre aqueles que te levaram às águas do Batismo, seus padrinhos, sua família, o sacerdote que o batizou. Reze por eles, agradecendo a Deus por terem lhe trazido à fonte da fé.

Seque seus pés ao sair da água e acenda sua vela na vela grande que está no fim do caminho.

Enquanto todos realizam o caminho, cantemos:

Canto: "És água viva" (Pe. Zezinho)

Eu te peço, desta água que tu tens, és água viva meu Senhor. Tenho sede, tenho fome de amor e acredito nesta fonte de onde vens. Vens de Deus, estás em Deus, também és Deus, e Deus contigo faz um só. Eu, porém, que vim da terra e volto ao pó, quero viver eternamente ao lado teu.

És água viva, és vida nova, e todo dia me batizas outras vez, me fazes renascer, me fazes reviver, eu quero água desta fonte de onde vens. (2 vezes)

(Terminada a experiência de passar pela água – relembrando o Batismo –, convidar a todos para que segurem a sua vela e a contemplem. Lembrar que Jesus nos pede para sermos luz do mundo.)

Façamos esta prece:

Todos: Senhor, que eu seja tua luz para o mundo.

(Todos apagam a vela, deixando que a chama da fé permaneça acesa no coração.)

Neste momento forte e celebrativo, tão cheio de significado e vida para nós, vamos pegar o saquinho com sal que recebemos. O sal é um elemento bastante simbólico:

- Serve para "dar sabor, dar gosto": mesmo em pequena quantidade, o sal mantém a força de dar sabor.
  Vamos abrir este pacotinho e provar um pouquinho de sal enquanto dizemos:
  Todos: Que ao viver o meu batismo eu comunique aos outros o "bom gosto" de ser cristão!

- O sal também carrega a propriedade de "conservar": ele conserva a carne quando não há refrigeração, não permite que a carne degenere.
  Repitamos esta prece:
  Todos: "Senhor, conserva em mim a Graça de viver fielmente meu batismo".

Vamos ler juntos o que Jesus nos diz em Mt 5,13:

- "Vós sois o sal da terra, vós sois a luz do mundo!" Cada um de nós não está apenas carregando o sal, é o sal! Pela experiência do Batismo, somos luz! Homens e mulheres novos, seguindo a prática de Jesus, que come com publicanos e pecadores (Lc 5,29-32), que acolhe os pequenos e as crianças (Mc 10,13-16), que cura os leprosos (Mc 1,40-45), que perdoa e liberta a mulher pecadora (Lc 7,36-49; Jo 8,1-11), que fala com a Samaritana (Jo 4,1-26).

Este encontro é de *LITURGIA*, porque nos ajuda a celebrar a fé, reconhecendo o poder de Deus e dando glórias ao Senhor. Ele transforma e santifica nossa vida.

Como a experiência de hoje me leva a celebrar, reconhecendo a graça de ser chamado à vida e à santidade?

_____

_____

---

4 - ENVIADOS PARA VIVER A FÉ NA FORÇA DO ESPÍRITO SANTO

Seremos enviados para trilhar o caminho da santidade com a bênção de Deus.

"Bênção" significa "dizer o bem, para que ele recaia sobre a pessoa". É proclamar os feitos maravilhosos de Deus na vida das pessoas.

Inclinem a cabeça para que a "bênção de Deus" recaia sobre suas vidas:

(Estender as mãos na direção dos catequizandos e dizer:)

Olhai, Senhor, os vossos servos e servas que obedecem ao vosso santo nome e inclinam a cabeça diante de vós: ajudai-os a praticar todo o bem e inflamai seus corações para que, lembrando-se das vossas ações e mandamentos, se apressem com alegria em vos servir em tudo. Por Cristo nosso Senhor.

Todos: Amém!

Desejo a todos uma boa semana. Finalizemos este encontro expressando a alegria de sermos abençoados. Saindo daqui procurem comunicar com suas vidas esta bênção que santifica as realidades ao nosso redor.

19º Encontro
A comunhão dos discípulos missionários na Igreja

Expectativa para o encontro:

- Perceber a importância de viver em comunhão na Igreja.
- Compreender que a unidade gera a comunhão e fortalece os discípulos missionários.
- Perceber que os serviços pastorais promovem o Evangelho e que o dízimo dá o suporte para a Evangelização.

Providenciar:

- Bíblia
- 1 pedaço pequeno de bambu para cada catequizando
- 1 cesta
- 1 folha de papel sulfite para cada catequizando
- vídeo ou *slides* de "As 7 lições do bambu" (*utilizar esse recurso nos locais onde for possível utilizar equipamentos de mídia*)
- 1 árvore pequena com alguns frutos (*escrever em cada fruto uma das palavras ou expressões: "Ensino da Palavra", "graça dos sacramentos", "convívio", "amizades", "amparo nas dificuldades", "acolhida", "formação"*)

Ambiente:

- Preparar um local adequado para entronização da Palavra e um local de destaque para a cesta.

Formando e preparando o catequista para o encontro

Comunhão vem da expressão "co-múnus", que significa "missão em comum". Assim, estar em comunhão é estar de acordo, é ter um coração em sintonia com os outros na missão da Igreja.

Na Igreja, cada discípulo missionário, ou cada fiel, é chamado a ser santo; e a santidade é um modo de vida daquele que pauta sua vida nos valores do Evangelho de Jesus, amando uns aos outros e vivendo na unidade para que o mundo creia.

A missão da Igreja é a transmissão da fé, ou seja, é fazer com que Jesus seja um "acontecimento" na vida das pessoas. É gerar nelas os mesmos sentimentos e atitudes de Jesus para que possam pregar a verdade do Evangelho, aproximar-se, acolher, buscar aquele irmão que se encontra nas periferias, trazê-lo e inseri-lo na comunidade: "lugar do perdão e da festa", lugar da comunhão.

Quando cada discípulo vive em comunhão com os outros, a Igreja cresce "por atração" e se torna forte e capaz de levar o Evangelho com vigor a mais e mais pessoas. Quando os discípulos por fraqueza, medo e falta de confiança esmorecem na fé, comprometem a adesão ao Evangelho. Pois, conforme afirma Jesus no capítulo 17 do Evangelho de São João, é necessário ter unidade para que o mundo creia. A comunhão é, portanto, um sinal de unidade.

Aquilo que pregamos com a boca precisa ser a mesma realidade que vivemos, pois a comunhão acontece pelos gestos e palavras, pela celebração da fé e assentimento da vontade.

Nem sempre conseguimos entender todos os acontecimentos que envolvem a fé; alguns escapam de nossa capacidade intelectual. No entanto, assentir com a vontade àquilo que ainda não entendemos é um meio de anunciar o Evangelho, e nisso também se revela a comunhão.

Um dos gestos de expressão de comunhão entre os discípulos missionários na Igreja é a profissão de fé, o Creio. Cremos todos nas mesmas verdades, celebramos os mesmos sacramentos, vivemos conforme cremos e celebramos, e rezamos para permanecer fiéis e participar da glória.

A celebração da Eucaristia – na qual participamos da paixão, morte e ressurreição do Senhor e assumimos a missão de transformar a realidade unidos em seu Corpo e Sangue – é o grande sinal de comunhão entre os fiéis da Igreja, que formam o Corpo de Cristo.

No capítulo 5 do *Documento de Aparecida*, dos números 154 a 163, a Igreja nos ensina sobre a comunhão dos discípulos:

– Os Doze apóstolos foram escolhidos para viver em comunhão com Jesus (Mc 3,14), para preparar e avaliar sua missão. Hoje também o encontro dos discípulos com Jesus na intimidade é indispensável.

– Os discípulos são chamados a viver em comunhão com a Santíssima Trindade, modelo e fonte de comunhão.

– Os discípulos vivem na família de Deus, isto é, na Igreja. Um dos grandes sinais do individualismo e do subjetivismo hoje é a tentação de querer ser cristão sem a Igreja. Crer em Deus Trindade é acolher também o seu projeto, que é a Igreja, na qual podemos viver uma experiência permanente de discipulado com os sucessores dos Apóstolos e com o Papa.

– A Igreja é "casa e escola de comunhão", onde os discípulos escutam a Palavra, se alimentam do Corpo de Jesus, compartilham a mesma fé e se dedicam ao serviço missionário para a expansão do Reino.

– A Igreja cresce não por proselitismo, isto é, com promessas ilusórias e ameaças, mas cresce por "atração", com a força do amor.

– A diversidade dos carismas, ministérios e serviço são dons do Espírito Santo para o crescimento da Igreja, favorecendo a unidade na diversidade, garantindo a comunhão.

Depois do estudo do texto, procure rezar, meditar e vivenciar a Palavra, preparando-se para o Encontro.

ENCONTRO DE *DIAKONIA* (SERVIÇO)

Diakonia é o serviço do discípulo missionário para transformar uma realidade mediante os valores do Evangelho.

1 - ESPIRITUALIDADE

(Acolher os catequizandos com um abraço, entregando um pequeno pedaço de bambu a cada um.)

Sejam bem-vindos. No encontro de hoje teremos a alegria de ouvir a experiência de cada um na pastoral que escolheu para se colocar a serviço do Reino. Também vamos compreender que o discípulo missionário é chamado a viver a comunhão. Para iniciarmos, cada um vai olhar bem para o pequeno bambu que recebeu e, ao depositá-lo na cesta com a qual vou passar, diz o nome da pastoral que visitou.

(Colocar a cesta no local preparado.)

a) Entronização da Palavra

(Escolher com antecedência um catequizando para entrar com a Palavra e colocá-la num local de destaque.)

Vamos acolher com alegria a Palavra de Deus, a Palavra do alto que gera comunhão entre nós. Cantemos:

Canto: "Buscai primeiro" (Músicas Católicas)
*Buscai primeiro o Reino de Deus e a sua justiça...
E tudo mais vos será acrescentado, Aleluia, Aleluia!*

b) Leitura Orante

(Convidar os catequizandos a se colocarem em posição de oração para ouvir a Palavra de Deus. Proclamar a Palavra pausadamente, dando tom de oração.)

Texto: Jo 17,20-21

Vamos formar duplas para realizar os quatro passos da Leitura Orante, refletindo sobre as perguntas a seguir:

(Dirigir as perguntas, enquanto as duplas respondem em oração.)

1) A Palavra fala sobre o quê? *(tempo para partilha)*
2) O que Deus quer me dizer por esta Palavra? *(tempo para partilha)*
3) O que eu quero responder a Deus em relação a esta Palavra? *(tempo para partilha)*
4) Por meio de que atitude você pode demonstrar um compromisso com esta Palavra? *(tempo para partilha)*

Para finalizar, vamos partilhar com todo o grupo a atitude que escolhemos para o nosso compromisso. *(Deixar que dois ou três catequizandos falem.)*

2 - REFLEXÃO

Para favorecer a comunhão dos discípulos missionários na Igreja, precisamos partir de Cristo. É necessário experimentar um encontro pessoal com Ele. Esse encontro pode acontecer e renovar-se pelo testemunho, pela escuta da Palavra de Deus e pela vida em comunidade.

Vamos conhecer o que a Igreja nos ensina sobre o processo de comunhão a partir de uma reflexão extraída do *Documento de Aparecida*:

– Os doze apóstolos foram escolhidos para viver em comunhão com Jesus, tendo a Trindade como modelo,

– Os discípulos vivem na família de Deus, isto é, na Igreja. Um dos grandes sinais do individualismo e da mentalidade na qual cada um "vive como quer" também se expressa na tentação de querer ser cristão, crer em Deus, mas sem a Igreja. Crer em Deus Trindade é acolher também o seu projeto, que é a Igreja, na qual podemos viver uma experiência permanente de discipulado com os sucessores dos Apóstolos e com o Papa.

– A Igreja é "casa e escola de comunhão", na qual os discípulos escutam a Palavra, se alimentam do Corpo de Jesus, compartilham a mesma fé e se dedicam ao serviço missionário.

– A Igreja cresce com a força do amor irradiada da vida comunitária, isto é, por "atração" ("*Vede como se amam*").

– A diversidade dos carismas, ministérios e serviço são dons do Espírito Santo para o crescimento da Igreja. A unidade na diversidade gera a comunhão.

Podemos entender melhor a importância da participação e da comunhão ouvindo atentamente:

(Pegar a cesta com os bambus, em seguida ler o texto pausadamente ou apresentar o vídeo ou os slides.)

As sete lições do bambu

Depois de uma grande tempestade, o menino, que estava passando férias na casa do seu avô, o chamou para a varanda e falou:

– Vovô, corre aqui! Me explique por que aquela árvore, frondosa e imensa, que precisava de quatro homens para balançar seu tronco, se quebrou ao cair com o vento e com a chuva, mas aquele bambu, tão fraco, continua de pé?

– Filho, o bambu permanece em pé porque teve a humildade de se curvar na hora da tempestade. A árvore quis enfrentar o vento. O bambu nos ensina sete lições.

A **primeira lição** é a humildade diante dos problemas, das dificuldades. Eu não me curvo diante do problema e da dificuldade, mas sim diante daquele que é a nossa paz, o Senhor Jesus.

A **segunda lição**: o bambu cria raízes profundas. É muito difícil arrancar um bambu, pois o que ele tem para cima ele tem para baixo, como raiz. Você precisa aprofundar a cada dia suas raízes em Deus na oração.

A **terceira lição**: você já viu um pé de bambu sozinho? Apenas quando é novo, mas antes de crescer ele permite que nasçam outros ao seu lado. Sabe que vai precisar deles. Eles estão sempre grudados uns nos outros, tanto que de longe parecem com uma única árvore. Às vezes tentamos arrancar um bambu lá de dentro, e não conseguimos.

A **quarta lição** que o bambu nos ensina é não criar galhos. Como tem a meta no alto e vive em comunidade, o bambu não se permite criar galhos. Nós perdemos muito tempo na vida tentando proteger coisas insignificantes, às quais damos um valor inestimável.

A **quinta lição** é que o bambu é cheio de "nós" e não de "eus". Como ele é oco, sabe que se crescesse sem nós seria muito fraco. Os nós são os problemas e as dificuldades que superamos. Os nós são também as pessoas que nos ajudam, aqueles que estão próximos e acabam sendo força nos momentos difíceis. Não devemos pedir a Deus que nos afaste dos problemas e dos sofrimentos. Eles são nossos melhores professores se soubermos aprender com eles.

A **sexta lição** é que o bambu é oco, vazio de si mesmo. Enquanto não nos esvaziarmos de tudo aquilo que nos preenche, que rouba nosso tempo, que tira nossa paz, não seremos felizes. Ser oco significa estar pronto para nos enchermos do Espírito Santo.

Por fim, a **sétima lição** que o bambu nos dá é que ele só cresce para o alto. Ele busca as coisas do Alto.

3 - RECONHECIMENTO PASTORAL

Neste momento vamos receber uma folha de papel. Cada um vai desenhar um fruto e escrever dentro dele um resumo da experiência na pastoral escolhida.

(Entregar a folha para cada catequizando e dar um tempo para que desenhem e escrevam.)

Agora vamos fazer um momento de partilha para que cada um conte ao grupo a sua experiência na pastoral.

(deixar que falem)

4 - FRUTOS DO ESPÍRITO NA NOSSA VIDA

Olhemos para a grande cesta, que representa nossa comunidade.

Cada um vai colocar, junto dos bambus, o fruto que representa sua experiência na pastoral escolhida.

Cantemos, enquanto colocamos nossos frutos:

Canto: "Mas é preciso que o fruto se parta" (autor desconhecido)

O nosso Deus, com amor sem medida,
chamou-nos à vida, nos deu muitos dons.
Nossa resposta ao amor será feita
se a nossa colheita mostrar frutos bons.

Mas é preciso que o fruto se parta
e se reparta na mesa do amor! (2 vezes)

Participar é criar comunhão,
fermento no pão, saber repartir.
Comprometer-se com a vida do irmão,
viver a missão de se dar e servir.

Concluir: O amor de Deus por nós é infinito. Enviou-nos o Espírito Santo com seus frutos para que possamos caminhar em comunhão na comunidade. Recebemos a missão de sermos discípulos missionários no nosso Batismo, mas é na união da comunidade que o Espírito Santo gera frutos e força para frutificar a missão.

> Este encontro é de *DIAKONIA*, porque nos compromete em colocar a vida a serviço, nas pastorais ou movimentos da Igreja, para transformar as realidades mediante o Evangelho.
>
> Como a experiência de hoje me coloca mais profundamente na comunhão e no serviço à minha comunidade?
>
> _____
> _____

5 - MISSÃO

Quando olhamos ao nosso redor, percebemos o quanto ainda há pessoas sedentas e famintas do amor de Deus.

(Colocar no centro uma árvore com alguns frutos pendurados.)

Esta árvore simboliza nossa comunidade.

Vamos ver os frutos que ela já produziu de bem e bênção em nossas vidas.

(Ler alguns frutos: "ensino da Palavra", "graça dos sacramentos", "convívio", "amizades", "amparo nas dificuldades". Em seguida, chamar dois catequizandos para que escolham, retirem e leiam um dos "frutos" que já colheram na comunidade para sua vida.)

Vocês já colheram muitos frutos da árvore da comunidade e se beneficiaram desta sombra!

De que forma vocês podem cultivar esta árvore da comunidade para não apenas colher seus frutos, mas também produzir mais a outras pessoas? *(deixar que falem)*

(Apresentar um regador com a palavra Dízimo, que é a forma de cultivar a fonte de bênçãos para a vida de tantas pessoas.)

O Dízimo é como um regador, é seu gesto de reconhecimento com esta árvore da comunidade, para que ela possa também beneficiar outras pessoas além de você.

Faça a experiência desta dinâmica com os seus pais:

1) Recorte as duas figuras do Anexo e se oriente lendo o texto acima.
2) Reflitam juntos sobre a importância de serem dizimistas.

20º Encontro
A missão dos discípulos missionários a serviço da vida plena

Expectativa para o encontro:

- Compreender que Jesus se colocou a serviço da vida plena para todos e pede que façamos o mesmo.
- Conhecer o testemunho de fé de alguns santos, percebendo que eles se colocaram a serviço da vida.
- Experimentar a vida fraterna.

Providenciar:

- Alguns figurinos de santos (deixar alguns de reserva, caso algum catequizando não leve)
- Rádio e CD com a música "Ou santos ou nada"
- Lanche para a confraternização
- Músicas para animar a "Festa no céu" (combinar previamente com alguns catequizandos que saibam tocar algum instrumento ou providenciar CDs com músicas de festa)

Ambiente:

- Escolher um local apropriado para a festa à fantasia e decorar o local adequadamente.
- Preparar um caminho no centro do local da festa, escrevendo nele a palavra "mundo" e colar algumas figuras da realidade (dores e alegrias).
- No final do caminho, criar um céu (com tecido azul, cartazes de anjos, nuvens etc.).
- Prever um local adequado (banheiros, biombos, cortinas) para que os catequizandos possam se vestir com o figurino dos santos (o catequista deve acolher os catequizandos vestido como um santo, já previamente escolhido, para participar também da "Festa no Céu").

Formando e preparando o catequista para o encontro

A Crisma firma o batizado na missão de pregar o Evangelho, pois o configura a Cristo e o faz adulto na fé.

Essa maturidade impele o fiel a seguir Jesus, como discípulo missionário, que deseja anunciar as verdades da fé, promovendo a comunhão e a unidade na Igreja.

Cada fiel deve empenhar-se na construção do Reino de Deus, anunciando o Evangelho pelo seu testemunho de vida, como fizeram os santos.

A grande missão do discípulo que evangeliza anunciando os valores do Evangelho é promover o bem comum, a vida plena para todos, pois este é o sinal de que o Reino de Deus chegou.

Criar meios e condições para a "cultura e defesa da vida", que superem o aborto, as drogas e a cultura da morte, procurando resgatar aqueles que estão nas periferias da sociedade, é cumprir o mandato de Jesus na parábola do Bom Samaritano "Vai, e também tu, faze o mesmo" (Lc 10,37). O serviço para a vida plena precisa ser um dos frutos das sementes do Evangelho que semeamos na missão, na pastoral, na comunidade. A Igreja acredita que "tudo o que ela fizer a qualquer um dos mais pequeninos é a Cristo mesmo que ela faz" (Mt 25,40).

A vida é o grande dom de Deus, portanto, cuidar dela é dar sequência à obra da criação de Deus. Para que cada homem e cada mulher tenham vida plena, se faz ainda necessário o cuidado com toda a criação. A Igreja se preocupa com a vida e com a ecologia, como se fosse um todo; uma ecologia humana que integra a pessoa no ambiente. Cuidar da vida é cuidar de toda a criação: do homem, da água, das matas, do bem comum. Descuidar de uma dessas realidades é descuidar da vida.

A missão dos discípulos a serviço da vida plena é apresentada no capítulo 7 do *Documento de Aparecida*. Vejamos três elementos principais:

1. Viver e comunicar a vida: Jesus Cristo é a vida e deseja nos fazer "participantes da vida divina" (2Pd 1,4). O discípulo nasce pelo Batismo, renasce pelo sacramento da Reconciliação, fortalece sua vida na Crisma e alimenta a vida na Eucaristia. O uso errado da nossa liberdade é uma recusa a essa vida nova.

2. Jesus a serviço da vida: Jesus promove a vida – com o cego de Jericó, diante da Samaritana, na cura dos enfermos, alimentando o povo faminto. Hoje Ele faz isso em nosso favor. Ele é o vivente que caminha ao nosso lado, que nos explica o sentido dos acontecimentos, da dor, da morte, da alegria, da festa.

3. A Igreja de Jesus a serviço da vida: as condições de vida de muitos excluídos e ignorados em sua miséria e dor contradizem com o projeto do Pai. A nossa Igreja deve ser samaritana no compromisso a favor da cultura da vida, que a impeça de se instalar na comodidade, no estancamento, na indiferença, à margem do sofrimento dos pobres. Tudo isso precisa da força do Espírito Santo, protagonista da Evangelização.

Depois do estudo do texto, procure rezar, meditar e vivenciar a Palavra, preparando-se para o Encontro.

ENCONTRO DE *KOINONIA* (VIDA FRATERNA)

Koinonia é comunhão, participação, que educa o discípulo missionário para a vida fraterna na comunidade.

1 - ACOLHIDA

(Acolher os catequizandos já caracterizados com o figurino do santo escolhido.)

Que alegria estarmos juntos para experimentar a comunhão dos discípulos missionários!

No Evangelho vemos muitos momentos em que Jesus trabalha em favor da vida plena para todos: Ele cuida do cego de Jericó, mata a sede da Samaritana, cura os enfermos e alimenta o povo faminto.

Hoje Jesus age da mesma forma conosco: Ele nos cura, nos toca, nos liberta, nos sustenta, nos fortalece e nos humaniza. Ele caminha ao nosso lado, nos explica o sentido dos acontecimentos, da dor, da morte, da alegria e da festa. A vida em Cristo se expressa também na vida fraterna: na alegria de comer juntos, de conviver em comunidade, na alegria de servir.

Por isso hoje vamos fazer esta experiência da vida fraterna a partir de nossa "festa à fantasia".

Iniciemos cantando:

Canto: "A alegria está no coração" (autor desconhecido)
A alegria está no coração, de quem já conhece a Jesus,
A verdadeira paz só tem aquele, que já conhece a Jesus.
Um sentimento mais precioso que vem do nosso Senhor
É o amor que só tem quem já conhece a Jesus. (2 vezes)

Posso pisar numa tropa e saltar as muralhas. Aleluia, aleluia. (2 vezes)
Ele é a rocha da minha salvação, com Ele não há mais condenação.
Posso pisar numa tropa e saltar as muralhas. Aleluia, aleluia. (2 vezes)

Um sentimento mais precioso, que vem do nosso Senhor.
É o amor que só tem quem já conhece a Jesus.

2 - INTERAGINDO COM CRIATIVIDADE

Neste momento cada um de vocês vai colocar o figurino que montou para se caracterizar como um santo da Igreja, conforme a pesquisa realizada como compromisso do encontro 17.

(Dar um tempo para que todos se preparem no local adequado. Colocar o CD com a música a seguir, enquanto todos se arrumam.)

Canto: "Ou Santos ou Nada" (Ricardo Sá)
*Ou santos ou nada,
Queremos ser
Ou santos ou nada,
Ou santos ou nada mais.*

*Em meu pensar,
Em meu sentir,
Quando eu falar,
na hora de decidir,
Em todo o meu proceder,
Acima de tudo,
Vivendo a dor e o sofrer,
Ou santos ou nada,*

Ou santos ou nada mais...

*Quando eu amar,
Quando me vestir,
Na hora de trabalhar,
Se Deus contas me pedir.*

*Na tribulação,
Quando me desprezarem,
E, mentindo,
Disserem o mal contra mim.*

Ou santos ou nada mais...

3 - PARTILHANDO OS DONS – APRESENTAÇÕES

Vou chamar cada um de vocês para passar pelo caminho do mundo.

O mundo é o lugar da nossa santificação; é ali que perdoamos, que amamos, que nos aproximamos de quem está caído. Estas são as atitudes de Jesus, que o mundo precisa ver hoje nos seus amigos: os santos.

Enquanto passarmos pelo caminho, perceberemos que colocar-se a serviço da vida do irmão, onde ela está ameaçada, nos conduzirá ao céu.

Ao chegar ao local onde está marcado o "céu", no fim do caminho, cada um vai contar o nome do santo do qual está caracterizado, seu testemunho de fé e como ele se colocou a serviço da vida.

(Organizar as apresentações e finalizar com o canto.)

Canto: "Que Santidade de Vida" (Pe. Jonas Abib)
Que santidade de vida! Que homens devemos ser!
Pois se tudo no céu e na terra o Senhor chamará,
Que respeito para com Deus! Que luta devemos travar!
No novo céu e na nova terra iremos morar.

Somos, Senhor, tua Igreja que aguarda e apressa tua vinda gloriosa,
que o Senhor nos encontre em paz, puros e santos. (2 vezes)
Que é feito da sua promessa? Perguntam e zombam de Deus.

Mas o Senhor virá, Ele não tardará,
que eu seja santo, santo, santo,
pois Deus é santo, santo, santo,
que a santidade da minha vida apresse o Senhor, e Ele logo virá.

Este encontro é de *KOINONIA*, porque nos proporcionou a experiência da comunhão, da vida fraterna.

Como este encontro motivou você a colocar sua vida a serviço do irmão na comunidade e no mundo?

_____

_____

---

4 - CONFRATERNIZAÇÃO

Participar de uma comunidade é criar e buscar meios para conviver com os irmãos que dela fazem parte.

Um católico, além de participar da missa, também faz questão de viver integralmente as outras dimensões da experiência da vida comunitária, que são: a vida fraterna pela confraternização, o serviço aos irmãos na pastoral, o aprofundamento da fé pela formação, a celebração pela liturgia e o testemunho de vida para transformar o mundo com os valores do Evangelho. Tudo isso é pertencer e viver a beleza da vida de uma comunidade cristã!

Façamos um pouco desta experiência de partilha e de convivência com nossa "Festa no Céu".

(momento de confraternização)

Leia em casa com seus pais o texto e o aviso que seguem:

Participar de uma comunidade é criar e buscar meios para conviver com os irmãos que dela fazem parte.

Um católico, além de participar da missa, também faz questão de viver integralmente as outras dimensões da experiência da vida comunitária, que são: a vida fraterna pela confraternização, o serviço aos irmãos na pastoral, o aprofundamento da fé pela formação, a celebração pela liturgia e o testemunho de vida para transformar o mundo com os valores do Evangelho. Tudo isso é pertencer e viver a beleza da vida de uma comunidade cristã!

AVISO AOS PAIS:

Queridos pais ou responsáveis, no próximo encontro de catequese estaremos celebrando a chegada do Menino Jesus. Visitaremos uma família, por isso pedimos a sua permissão para que seu filho participe deste momento de fraternidade, levando alimentos para doação e um prato de doce ou salgado para ser partilhado com a família.

Desde já agradeço a sua ajuda e que a Sagrada Família esteja presente em sua noite de Natal.

Autorização dos pais: _____

Atenção catequista:

Durante a semana combine, previamente, com uma família carente uma celebração de Natal na casa dela com a presença dos catequizandos.

Celebração natalina

Expectativa para o encontro:

- Celebrar o Natal por meio de uma experiência de visita missionária.

Providenciar:

- 1 coração com um barbante para cada participante
- canetas
- 1 imagem de Maria
- 1 imagem de José
- 1 imagem do menino Jesus
- 1 manjedoura com palhas
- 1 vaso com um galho representando uma árvore de Natal (*que será deixada na casa da família que será visitada*).
- 1 vela com enfeites natalinos
- Bíblia

Ambiente:

- O catequista previamente marcará com uma família uma visita com os catequizandos para realizar a celebração do Natal.

Preparando os catequizandos para a missão:

(Antes de que os catequizandos saiam para o encontro com a família, prepará-los com a seguinte reflexão:)

Catequista: A missão nasce do coração, como transbordamento do encontro com a pessoa de Jesus de Nazaré. Surge da intimidade com Ele, do encantamento, do discipulado. "Quem se apaixona por Jesus Cristo deve igualmente transbordar Jesus Cristo" (*Diretrizes Gerais da Ação Evangelizadora* 2011-2015).

Catequizandas: É preciso seguir Jesus, com o desejo de imitá-lo.

Catequizandos: Somos convocados a levar a alegria e a esperança a todos, já que em Jesus assumimos a aliança com o mundo.

Catequista: Jesus nos convida para a missão junto às realidades daqueles que mais necessitam de nós, para que sejamos presença dele junto a nossos irmãos. Ele nos pede para encontrá-lo e reconhecê-lo no irmão, acolhê-lo principalmente nos pobres e anunciá-lo em todas as realidades (DAp 279).

Todos: Hoje sairemos em missão para celebrar o Natal, a fim de experimentarmos a alegria de anunciar o nascimento de Jesus.

(saída para a casa da família escolhida, levando o manual)

Iniciando a celebração:

(Pedir que todos cumprimentem as pessoas, assim que chegarem à casa da família. Com grande alegria; um catequizando dirá:)

Catequizando: Em nossa comunidade, estamos aprendendo as lições de Jesus e queremos viver como Ele, por isso gostaríamos que aceitassem a partilha que queremos oferecer a vocês, porque somos chamados a viver como irmãos.

(Entregar os alimentos.)

Catequista: No centro da mesa, gostaria de colocar a manjedoura com palha, uma vela de Natal e o vaso com o galho representando a árvore de Natal. Jesus já nasceu em nossos corações, e esta é a razão de estarmos aqui.

Neste momento de grande alegria, cada um de nós vai receber um coração e escreverá nele o que gostaria de dar de presente a Jesus.

(Esperar que todos escrevam.)

Todos os anos nos reunimos para celebrar o Natal, o nascimento daquele que veio ao mundo para a nossa salvação. Esse foi o maior presente que Deus Pai nos deu. Jesus é a luz que veio para iluminar nosso caminho.

(Acender a vela.)

Vamos ouvir a Palavra de Deus, que nos fala do nascimento de Jesus.

(Pedir que um catequizando faça a leitura de Lc 2,1-20.)

José não encontrou lugar para abrigar Maria, que estava grávida de Jesus. Encontrou apenas uma pequena gruta, um estábulo. O primeiro berço que acolheu Jesus foi uma manjedoura com palhas.

Hoje, nesta casa, nós encontramos em vocês um lugar para acolher Jesus.

Que nosso coração esteja aberto para ser o novo berço para Jesus.

Agora quero entregar a imagem do Menino Jesus para alguém da casa, que vai colocá-la na manjedoura. Peço aos catequizandos que se aproximem dos membros da família para que todos leiam no manual e cantem juntos. Vamos receber aquele que veio ao mundo para iluminar:

Canto: "É Natal de Jesus, festa de alegria, de esperança e luz" (autor desconhecido)

Convido uma pessoa da casa para receber a imagem de Maria e um catequizando para receber a imagem de São José, e ambos a colocarão ao lado do Menino Jesus.

Ao olharmos para o presépio, nosso coração se enche de ternura, harmonia e paz.

O amor de Jesus, Maria e José desperta em nós a vontade de que nossa família seja como a Sagrada Família de Nazaré. Jesus é um presente e fez-se generoso para com todos. Ele pede que façamos o mesmo.

Natal é a Festa da Fraternidade, é a Festa da Família que acolhe a presença de Jesus, mesmo nos seus desafios e na pobreza de sua manjedoura.

Em sinal do nosso amor por Jesus, vamos ofertar a Ele nosso coração de presente.

Cada um irá ler o que escreveu no seu coração; em seguida o pendurará na árvore de Natal, que ficará nesta família, para que seus membros se lembrem de cada um de nós.

(Depois que todos fizerem a sua oferta, convidar para que leiam a oração:)

Oração:
Menino Jesus, nós te amamos e te acolhemos em nosso coração.
Queremos que sempre seja a Luz do nosso caminho,
dai-nos força para vivermos com Fé, nosso compromisso.
Abençoai nossa família, protegei-nos de todo o mal
e faz de nós testemunhas do amor de Deus.
Amém.

Vamos partilhar essa alegria de acolher Jesus em nosso coração cantando "Noite Feliz" e desejando uns aos outros que Jesus renasça todos os dias em nossa vida.

Canto: "Noite Feliz" (Pe. Joseph Mohr)

Noite feliz! Noite feliz!
Oh, Senhor, Deus do amor,
Pobrezinho nasceu em Belém,
Eis na Lapa Jesus, nosso bem,
Dorme em paz, oh, Jesus. (2 vezes)

Noite feliz! Noite feliz!
Oh, Jesus, Deus da luz,
Quão afável é teu coração,
Que quiseste nascer nosso irmão
E a nós todos salvar. (2 vezes)

Noite feliz! Noite feliz!
Eis que no ar vem cantar
Aos pastores os Anjos do Céu,
Anunciando a chegada de Deus
De Jesus Salvador. (2 vezes)

(Depois que todos se cumprimentarem, dizer a data, horário e local da Celebração de Natal na comunidade, convidar a família para participar da comunidade. Realizar a partilha fraterna.)

Anexos

Encontro de Acolhida

Frases para colocar nas balas ou pirulitos:

> Dê atenção especial aos seus amigos.
> Um cuidado especial a alguém pode ajudar muito a fazê-lo mais feliz.

> Partilhe sua vida, sua história. A partilha gera confiança.
> Não tenha dúvida de que essa é a principal forma de amadurecer uma amizade.

> Não se preocupe em dar presentes.
> Os presentes são importantes, mas muitas vezes um olhar, um abraço, um cuidado, valem mais que qualquer presente, por mais caro que seja.

> Saibam decidir juntos.
> A confiança nas decisões que envolvem a amizade também é muito importante.

> Gaste tempo com os amigos.
> Sempre é bom estar ao lado um do outro, é uma forma de "ganhar tempo", aproveitar cada minuto da graça e do dom ofertado por Deus, o dom da amizade.

> Dê notícias sempre, faça questão de estar perto de seus amigos.
> Hoje em dia há tantos meios de se comunicar: *e-mail*, carta, telefonema, redes sociais, mensagem pelo celular.

> Preste atenção no que o outro sente. Seu amigo que está bem ao seu lado pode estar precisando de você, fique sempre atento, pergunte e tente ajudá-lo.

> Reconciliar-se sempre. O perdão sempre é o alívio para a alma. Na amizade não é diferente, ninguém é perfeito, todos precisam de perdão, todos precisam perdoar.

> Seja livre com seus amigos. Amizade não é obrigação, é liberdade, é dom e alegria.

> Nunca tenha medo de amar um amigo. Gestos simples traduzem o amor fraterno.

Cartões para colocar nos envelopes:

A – ENCONTRO DE DIDASKALIA (ENSINO):
Didaskalia é a instrução dada pelos Apóstolos sobre a vida e missão de Cristo para gerar a fé.

B – ENCONTRO DE MARTYRIA (TESTEMUNHO):
Martyria é o testemunho de fidelidade a Cristo dado pelos Apóstolos, os discípulos missionários.

C – ENCONTRO DE LITURGIA (CELEBRAÇÃO)
Liturgia é celebração memorial da entrega de Cristo, para a glória do Pai, que santifica o discípulo missionário.

D – ENCONTRO DE DIAKONIA (SERVIÇO)
A *Diakonia* é o serviço do discípulo missionário para transformar uma realidade mediante os valores do Evangelho.

E – ENCONTRO DE KOINONIA (VIDA FRATERNA)
A *koinonia* é comunhão, participação, que educa o discípulo missionário para a vida fraterna na comunidade.

Encontro da Campanha da Fraternidade

Temas e Lemas para compor o varal da Campanha da Fraternidade

Campanha da Fraternidade 1964

Tema – Igreja em Renovação

Lema – Lembre-se: você também é Igreja

Campanha da Fraternidade 1965

Tema: Paróquia em Renovação

Lema: Faça da sua paróquia uma comunidade de Fé, Culto e Amor

Campanha da Fraternidade 1966

Tema: Fraternidade

Lema: Somos responsáveis uns pelos outros

Campanha da Fraternidade 1967

Tema: Corresponsabilidade

Lema: Somos todos iguais, somos todos irmãos

Campanha da Fraternidade 1968

Tema: Doação

Lema: Crer com as mãos

Campanha da Fraternidade 1969

Tema: Descoberta

Lema: Para o outro, o próximo é você!

Campanha da Fraternidade 1970

Tema: Participação

Lema: Ser Cristão é participar

Campanha da Fraternidade 1971

Tema: Reconciliação

Lema: Reconciliar

Campanha da Fraternidade 1972
Tema: Serviço e vocação
Lema: Descubra a felicidade de servir

Campanha da Fraternidade 1973
Tema: Fraternidade e Libertação
Lema: O egoísmo escraviza, o amor liberta

Campanha da Fraternidade 1974
Tema: Reconstruir a Vida
Lema: Onde está teu irmão?

Campanha da Fraternidade 1975
Tema: Fraternidade é repartir
Lema: Repartir o Pão

Campanha da Fraternidade 1976
Tema: Fraternidade e Comunidade
Lema: Caminhar juntos

Campanha da Fraternidade 1977
Tema: Fraternidade na Família
Lema: Comece em sua casa.

Campanha da Fraternidade 1978
Tema: Fraternidade no mundo do trabalho
Lema: Trabalho e Justiça para todos

Campanha da Fraternidade 1979
Tema: Por um mundo mais humano
Lema: Preserve o que é de todos

Campanha da Fraternidade 1980
Tema: Fraternidade no mundo das migrações, exigência da Eucaristia
Lema: Para onde vais?

Campanha da Fraternidade 1981
Tema: Saúde e Fraternidade
Lema: Saúde para todos

Campanha da Fraternidade 1982
Tema: Educação e fraternidade
Lema: A verdade vos libertará

Campanha da Fraternidade 1983
Tema: Fraternidade e violência
Lema: Fraternidade Sim, Violência Não

Campanha da Fraternidade 1984
Tema: Fraternidade e vida
Lema: Para que todos tenham vida

Campanha da Fraternidade 1985
Tema: Fraternidade e fome
Lema: Pão para quem tem fome

Campanha da Fraternidade 1986
Tema: Fraternidade e terra
Lema: Terra de Deus, Terra de Irmãos

Campanha da Fraternidade 1987
Tema: A Fraternidade e o menor
Lema: Quem acolhe o menor, a mim acolhe

Campanha da Fraternidade 1988
Tema: A Fraternidade e o negro
Lema: Ouvi o clamor deste povo

Campanha da Fraternidade 1989
Tema: A Fraternidade e a comunicação
Lema: Comunicação para a verdade e a paz

Campanha da Fraternidade 1990
Tema: A Fraternidade e a mulher
Lema: Mulher e Homem: Imagem de Deus

Campanha da Fraternidade 1991
Tema: A Fraternidade e o mundo do trabalho
Lema: Solidários na dignidade do trabalho

Campanha da Fraternidade 1992
Tema: Fraternidade e juventude
Lema: Juventude Caminho Aberto

Campanha da Fraternidade 1993
Tema: Fraternidade e moradia
Lema: Onde Moras?

Campanha da Fraternidade 1994
Tema: A Fraternidade e a família
Lema: A Família, como vai?
Campanha da Fraternidade 1995
Tema: A Fraternidade e os excluídos
Lema: Eras Tu, Senhor?!
Campanha da Fraternidade 1996
Tema: Fraternidade e Política
Lema: Justiça e Paz se abraçarão
Campanha da Fraternidade 1997
Tema: A Fraternidade e os Encarcerados
Lema: Cristo liberta de todas as prisões
Campanha da Fraternidade 1998
Tema: Fraternidade e Educação
Lema: A Serviço da Vida e da Esperança
Campanha da Fraternidade 1999
Tema: A Fraternidade e os Desempregados
Lema: Sem trabalho... Por quê?
Campanha da Fraternidade Ecumênica 2000
Tema: Novo Milênio sem Exclusões
Lema: Dignidade Humana e Paz
Campanha da Fraternidade 2001
Tema: Campanha da Fraternidade
Lema: Vida Sim, Drogas Não!
Campanha da Fraternidade 2002
Tema: Fraternidade e povos indígenas
Lema: Por uma terra sem males
Campanha da Fraternidade 2003
Tema: Fraternidade e pessoas idosas
Lema: Vida, dignidade e esperança
Campanha da Fraternidade 2004
Tema: Fraternidade e água
Lema: Água, fonte de vida
Campanha da Fraternidade Ecumênica 2005
Tema: Solidariedade e Paz
Lema: Felizes os que promovem a paz

Campanha da Fraternidade 2006
Tema: Fraternidade e Pessoas com Deficiências
Lema: Levanta-te, vem para o meio! (Mc 3,3)
Campanha da Fraternidade 2007
Tema: Fraternidade e Amazônia
Lema: Vida e missão neste chão
Campanha da Fraternidade 2008
Tema: Fraternidade e Defesa da Vida Humana
Lema: Escolhe, pois, a vida (Dt 30,19)
Campanha da Fraternidade 2009
Tema: Fraternidade e Segurança Pública
Lema: A paz é fruto da justiça (Is 32, 17)
Campanha da Fraternidade Ecumênica 2010
Tema: Economia e Vida
Lema: Vocês não podem servir a Deus e ao Dinheiro (Mt 6,24)
Campanha da Fraternidade 2011
Tema: Fraternidade e a Vida no Planeta
Lema: A criação geme como em dores de parto (Rm 8,22)
Campanha da Fraternidade 2012
Tema: Fraternidade e saúde pública
Lema: Que a saúde se difunda sobre a terra (Eclo 38,8)
Campanha da Fraternidade 2013
Tema: "Fraternidade e Juventude"
Lema: "Eis-me aqui, envia-me!" (Is 6,8)
Campanha da Fraternidade 2014
Tema: "Fraternidade e Tráfico Humano"
Lema: "É para a liberdade que Cristo nos libertou"
Campanha da Fraternidade 2015
Tema: "Eu vim para servir"
Lema: "Fraternidade: Igreja e Sociedade"
Campanha da Fraternidade Ecumênica 2016
Tema: "Casa comum, nossa responsabilidade"
Lema: "Quero ver o direito brotar como fonte e correr a justiça qual riacho que não seca" (Amós 5,24)

(Pesquisar junto com os catequizandos o tema e o lema da Campanha dos anos posteriores a 2016 – trazer material para pesquisa.)

Encontro 1

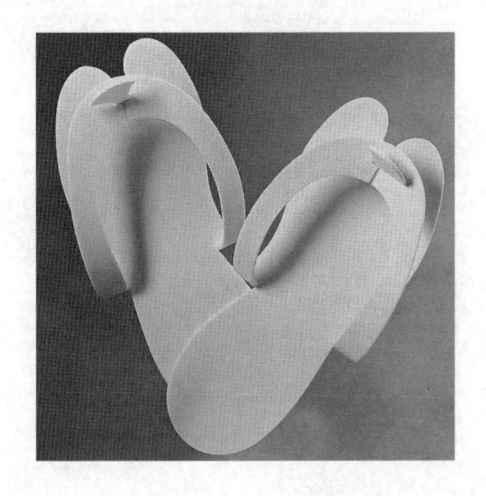

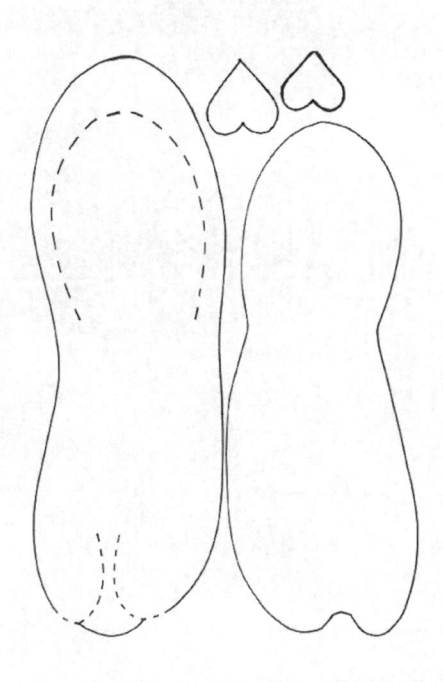

Encontro 2

Eu vim para que todos tenham vida. (Jo 10,10)
Não só de pão vive o homem, mas de toda palavra que sai da boca de Deus. (Mt 4,4)
Amai os vossos inimigos e orai pelos que vos perseguem; desse modo vos tornareis filhos do vosso Pai que está nos céus, porque Ele faz nascer o sol igualmente sobre maus e bons e cair chuva sobre justos e injustos. (Mt 5,44-45)
Honra teu pai e tua mãe, para que se prolonguem os teus dias na terra que Javé teu Deus te dará. (Ex 20,12)
Amarás ao Senhor teu Deus de todo o teu coração, de toda a tua alma e de todo o teu espírito. Esse é o maior e o primeiro mandamento. E o segundo é semelhante a esse: Amarás o teu próximo como a ti mesmo. (Mt 22,37-39)
Permanecei em mim, como Eu em vós. Como o ramo não pode dar fruto por si mesmo, se não permanecer na videira, assim também vós, se não permanecerdes em mim. (Jo 15,4)
Felizes os que promovem a paz, porque serão chamados filhos de Deus. (Mt 5,9)
Felizes os que têm fome e sede de justiça, porque serão saciados. (Mt 5,6)
Se estiveres para trazer a tua oferta ao altar e ali te lembrares de que o teu irmão tem alguma coisa contra ti, deixa a tua oferta ali diante do altar e vai primeiro reconciliar-te com teu irmão e, depois, virás apresentar a tua oferta. (Mt 5,23-24)
Eu, porém, vos digo que não resistais ao homem mau; antes, aquele que te fere na face direita, oferece-lhe também a esquerda. (Mt 5,39)

Encontro 6

Modelo para confeccionar os tangrans:

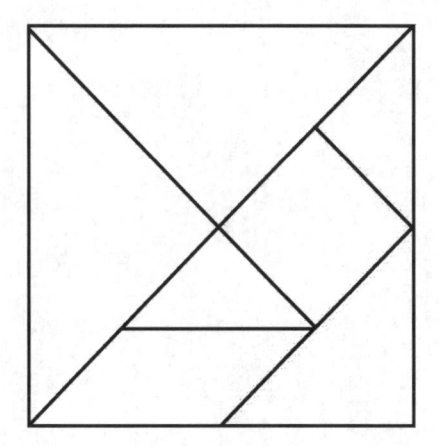

Atenção catequista:

Treinar antes para conseguir montar os seguintes elementos (com as peças dos dois tangrans):

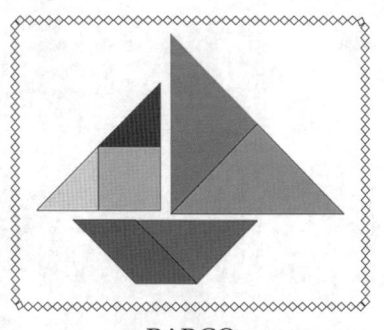

BARCO

2 PESSOAS

PESSOA SENTADA

PESSOA CAMINHANDO

PEIXE

Encontro 7

PRIMEIRA CARTA DE SÃO PAULO AOS CORÍNTIOS

Paulo rompeu as fronteiras que delimitavam o alcance da pregação do Evangelho.
Ele foi escolhido pelo próprio Espírito Santo para a obra da evangelização dos povos.
Fundou comunidades por todo o território do Império Romano no primeiro século do cristianismo.
Por onde passava deixava uma comunidade organizada, unida e orante.
Alguns problemas que surgiam nestas comunidades eram tratados através de cartas ou de missionários que Paulo enviava frequentemente.
Assim nasceu a coleção de cartas paulinas.
Na primeira carta aos Coríntios, percebemos o seguinte tema:
Paulo orienta as pessoas da comunidade que estavam atormentando aqueles que queriam viver segundo a lei de Cristo, provocando divisões na comunidade (1Cor 1,11-18).

SEGUNDA CARTA DE SÃO PAULO AOS CORÍNTIOS

Paulo rompeu as fronteiras que delimitavam o alcance da pregação do Evangelho.
Ele foi escolhido pelo próprio Espírito Santo para a obra da evangelização dos povos.
Fundou comunidades por todo o território do Império Romano no primeiro século do cristianismo.
Por onde passava deixava uma comunidade organizada, unida e orante.
Alguns problemas que surgiam nestas comunidades eram tratados através de cartas ou de missionários que Paulo enviava frequentemente.
Assim nasceu a coleção de cartas paulinas.
Na segunda carta aos Coríntios, percebemos o seguinte tema:
Paulo responde àqueles que questionavam sua autoridade e estavam pregando outra doutrina (2Cor 11,3-6.13).

CARTA DE SÃO PAULO AOS FILIPENSES

Paulo rompeu as fronteiras que delimitavam o alcance da pregação do Evangelho.
Ele foi escolhido pelo próprio Espírito Santo para a obra da evangelização dos povos.
Fundou comunidades por todo o território do Império Romano no primeiro século do cristianismo.
Por onde passava deixava uma comunidade organizada, unida e orante.
Alguns problemas que surgiam nestas comunidades eram tratados através de cartas ou de missionários que Paulo enviava frequentemente.
Assim nasceu a coleção de cartas paulinas.
Na carta aos Filipenses, percebemos o seguinte tema:
Paulo orienta os que se diziam cristãos, mas na prática viviam de forma pagã (Fl 3,18-20).

PRIMEIRA CARTA DE SÃO PAULO AOS TESSALONISSENSES

Paulo rompeu as fronteiras que delimitavam o alcance da pregação do Evangelho.
Ele foi escolhido pelo próprio Espírito Santo para a obra da evangelização dos povos.
Fundou comunidades por todo o território do Império Romano no primeiro século do cristianismo.
Por onde passava deixava uma comunidade organizada, unida e orante.
Alguns problemas que surgiam nestas comunidades eram tratados através de cartas ou de missionários que Paulo enviava frequentemente.
Assim nasceu a coleção de cartas paulinas.
Na carta aos Tessalonicenses, percebemos o seguinte tema:
Paulo, quando não podia enviar alguém em seu nome, como enviou Timóteo muitas vezes, escrevia cartas pessoais inflamadas de zelo e carinho pelas comunidades (1Ts 2,17-19).

Encontro 9

Modelo de Cartão da Pastoral

Nome da Pastoral ou Movimento:		
Número de membros: _____ Coordenador(a): _____ Tel.: _____		
Quando se reúne?	O que é:	
Local / Horário		
Fundamento Bíblico:		

Convite para os membros das pastorais ou movimentos

CONVITE:

Prezado membro da Pastoral ou Movimento _____
_____

No dia _____, às _____, (local)_____, você está convidado a vir ao nosso encontro de catequese para apresentar ao grupo um pouco mais sobre sua pastoral.

Traga neste dia um símbolo de sua pastoral e um cartãozinho com horário de funcionamento dela para cada catequizando da turma. Somos em _____.

Desde já agradecemos sua visita.

Encontro 10

1) **Balões:** Sobem ao serem aquecidos pelo "fogo". Também nós, como balões, precisamos nos deixar aquecer pelo calor de Deus, para alcançarmos as coisas do alto.

2) **Fogueira de São João:** remete-nos a uma tradição bastante antiga na qual Zacarias e Isabel, grávida de João Batista, ao se despedirem na visita que Maria fez a Isabel, prometeram dar um sinal quando João nascesse e a fogueira foi o sinal luminoso, indicando a "misericórdia de Deus" (significado do nome João).

3) **Bandeirinhas:** é uma forma de erguer a bandeira da santidade, dando glória a Deus. Suas cores manifestam a alegria de quem vive na amizade com Deus.

4) **Pipoca:** a semente é dura, áspera e até fere. Ao passar pelo óleo e pelo fogo, transforma-se em pipoca, uma realidade nova brota de dentro para fora. A vida dos santos, e também a nossa, se comparada com a semente do milho da pipoca, transforma-se quando ungida com o óleo do Espírito Santo e aquecida pelo fogo do amor de Deus.

Desenhos para recortar

pipoca

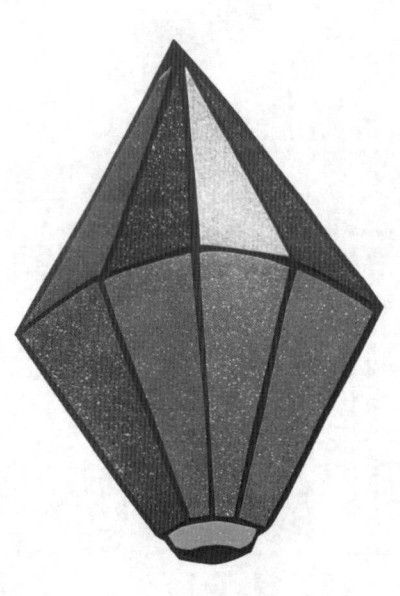

Encontro 16

Cartões para o Jogo da memória:

PAZ – DOM DO ESPÍRITO SANTO

BISPO

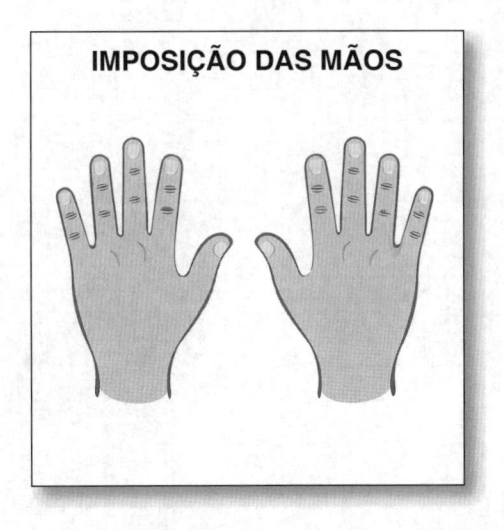

IMPOSIÇÃO DAS MÃOS

SANTO ÓLEO DO Crisma

Os Bispos são os ministros da Crisma. Como os Apóstolos, eles continuam a exercer a função de transmitir o Espírito Santo àqueles que creram e foram batizados. Mas, em casos especiais, o sacerdote também pode administrar o Sacramento da Crisma, com a autorização do Bispo.

O crismando é ungido com o óleo perfumado do Crisma. Esta unção designa e imprime o selo espiritual. A unção é rica de significados: o óleo é sinal de abundância e de alegria, ele purifica (unção antes e depois do banho) e torna ágil (unção dos atletas e dos lutadores), é sinal de cura, pois ameniza as contusões e as feridas, e faz irradiar beleza, saúde e força. A unção com o santo crisma na Confirmação é o sinal de uma consagração. Pela Confirmação os que são ungidos participam mais intensamente da missão de Jesus e da plenitude do Espírito Santo, de que Jesus é cumulado, a fim de que toda a vida deles exale "o bom odor de Cristo".

Para comunicar o Espírito Santo, dom de Deus, o Bispo realiza a imposição das mãos. Ele estende as mãos sobre o conjunto dos confirmandos, gesto que, desde o tempo dos Apóstolos, é o sinal do dom do Espírito. Cabe ao Bispo invocar a efusão do Espírito.

A saudação da paz, que encerra o rito do sacramento da Crisma, significa e manifesta a comunhão eclesial com o Bispo e com todos os fiéis.

Encontro 17

São José – 19 de março

O Messias haveria de nascer da linhagem de Davi. Portanto, quando o anjo do Senhor aparece em sonhos a José, dirige-se a ele dando-lhe o seu título de nobreza: José, filho de Davi... (Mt 1,20). Pouco sabemos de sua vida, a não ser que era filho de Jacó e que sua mãe se chamava Estha. São José nasceu em Nazaré, ele era descendente do Rei Davi, apesar de sua pobreza e humildade. **O nome José significa "Deus acrescenta ou cumula de bens". E de fato, o carpinteiro de Nazaré teve um crescimento contínuo da graça de Deus.** São José era operário de madeira ou carpinteiro. Enquanto, em sua carpintaria, manuseava as ferramentas com suas mãos habilidosas e calejadas, seu coração permanecia unido a Deus. José, o Justo, conforme as Escrituras foi escolhido por Deus para ser esposo da Virgem Maria e o Pai adotivo do Messias. **Ele foi o Guardião Providente da Sagrada Família. Deus propõe a José a maior de todas as dádivas, a mais importante missão confiada a um homem, isto tudo tendo incontáveis provações.** José entende e de coração atende a Deus. Com toda a sua humildade e pobreza, acolhe Maria, casa-se com ela e com o suor de seu rosto provê o sustento daquele que ao mundo sustenta. Seguem para Belém, e lá na terra do Rei Davi, o filho de Deus nasceu, seus primeiros adoradores foram Maria e José. Em sonho, José é avisado que deveria fugir para o Egito. Para proteger o Filho de Deus, fogem de madrugada. Retornam a Nazaré e seguem o curso comum da história de pessoas aparentemente comuns, enquanto Jesus crescia, diante de seus olhos, em idade, sabedoria e graça. São José é o pai adotivo de Jesus, invocado também como o patrono da Boa Morte. A Igreja também o celebra, no dia 1º de maio, sob o título de São José Operário, lembrando a todos nós do valor e dignidade do trabalho humano.

Os Santos experimentaram um Encontro com Jesus e tornaram-se Testemunhas da fé.

Identifique-se com a vida deste Santo, conheça algo mais sobre ele e tenha-o como companheiro no seu caminho de santidade!

São João Paulo II – 22 de outubro

Karol Woityla nasceu em Wadowice (Polônia), em 18 de maio de 1920. Foi o segundo de dois filhos de Karol Woityla e Emília Kaczorowska, que faleceu em 1929. Seu irmão, Edmund, morreu em 1932, e o seu pai, oficial do Exército, em 1941. Sentindo-se chamado ao sacerdócio, entrou, em 1942, para o Seminário Maior clandestino de Cracóvia. Depois da guerra, continuou os estudos no Seminário até a sua ordenação sacerdotal, em 1º de novembro de 1946. Em julho de 1958, o Papa Pio XII o nomeou Bispo Auxiliar de Cracóvia, sendo a ordenação episcopal dia 28 de setembro de 1958. Em janeiro de 1964, foi nomeado Arcebispo de Cracóvia, pelo Papa Paulo VI, que também o nomeou Cardeal a 26 de junho de 1967. Participou do Concílio Vaticano II (1962-1965), contribuindo na elaboração da Constituição *Gaudium et Spes*. Foi eleito Papa em 16 de outubro de 1978, dando início ao seu ministério de Pastor Universal da Igreja no dia 22 de outubro. O Papa João Paulo II realizou 146 visitas pastorais na Itália e, como Bispo de Roma, visitou 317 das atuais 332 Paróquias romanas. Foram 104 suas viagens apostólicas pelo mundo, expressão da constante solicitude pastoral do Sucessor de Pedro por toda a Igreja. Em 13 de maio de 1981, na Praça de São Pedro, sofreu um grave atentado cujo autor foi por ele depois perdoado. Salvo pela mão da Santa Mãe de Deus, submeteu-se a uma longa recuperação. Convencido de ter recebido uma nova vida, intensificou seus empenhos pastorais com heroica generosidade. Propôs ao povo de Deus momentos de particular intensidade espiritual como o **Ano da Redenção**, o **Ano Mariano** e o **Ano da Eucaristia**, culminando no **Grande Jubileu do Ano 2000.** Foi ao encontro das novas gerações, com a celebração das **Jornadas Mundiais da Juventude**. Morreu em Roma, em 2 de abril de 2005, vigília do **Domingo da Divina Misericórdia**, por ele instituído. Os funerais solenes na Praça de São Pedro e a sepultura nas Grutas Vaticanas foram celebrados em 8 de abril.

Os Santos experimentaram um Encontro com Jesus e tornaram-se Testemunhas da fé.

Identifique-se com a vida deste Santo, conheça algo mais sobre ele e tenha-o como companheiro no seu caminho de santidade!

Madre Teresa – 5 de setembro

Madre Teresa impressionou o mundo por sua entrega aos pobres. Essa frágil mulher foi capaz de adentrar sem medo as ruas de Calcutá e de todo o mundo para curar as chagas de leprosos ou acariciar aos "excluídos". O grande "segredo" de sua vida está precisamente no fato de que era uma mulher totalmente apaixonada por Jesus. Nos escritos de sua juventude, ela confessa que Jesus foi seu primeiro amor. Para ela, sua entrega aos mais necessitados, aos pobres entre os pobres, era a resposta a um chamado. Estava convencida dessa expressão que repetia com frequência: "Obra de Deus". Sentia-se como um lápis de Deus, seu instrumento! A grande lição de Madre Teresa é o amor: a Deus e ao próximo. Nos momentos em que recebeu o chamado para fundar a Congregação das Missionárias da Caridade, sentiu uma dura prova interior, foi uma experiência espiritual na qual não sentia consolação. Não obstante, também nesses momentos de prova o amor foi sua força. Ao mesmo tempo, sua vida foi cheia de exemplos de amor aos demais, não somente aos pobres, mas também a todas as pessoas com quem se encontrava. Madre Teresa nos deixa a mensagem de fazer as coisas ordinárias com um amor extraordinário. Quando se dirigia às pessoas com quem se encontrava, dizia que esta atitude não deve se viver somente com os pobres: "há que começar amando os familiares, que têm necessidade de uma palavra de alento, há que começar ajudando ao vizinho que talvez necessite escrever uma carta a alguém, há que começar oferecendo um sorriso ao necessitado". A fé foi também uma de suas virtudes características, pois de outro modo não se pode amar assim: desde a manhã até a noite; dormia três ou quatro horas por noite, entregando cada um dos dias de sua vida aos mais necessitados.

Os Santos experimentaram um Encontro com Jesus e tornaram-se Testemunhas da fé.

Identifique-se com a vida desta Santa, conheça algo mais sobre ela e tenha-a como companheira no seu caminho de santidade!

Santo Antônio de Sant'Anna Galvão – 25 de outubro

Frei Galvão nasceu em 1739, em Guaratinguetá, São Paulo. Com 13 anos foi para o Seminário Jesuíta, na Bahia, onde ficou até 1756, quando retornou para a casa dos pais. Em 1760, após contato com os franciscanos, em Taubaté/SP, foi encaminhado para o noviciado no Convento São Boaventura, em Porto das Caixas/RJ. Lá mudou o próprio nome para Frei Antônio de Sant'Anna Galvão. Neste mesmo ano recebeu o hábito franciscano e professou os votos religiosos de pobreza, obediência e castidade. A excelente formação que recebera dos Jesuítas, juntamente com a formação recebida no período do noviciado, fizeram com que os superiores permitissem que sua ordenação fosse antecipada. Em 1762, ele foi ordenado sacerdote, com apenas 23 anos. Recebeu a transferência para o Convento São Francisco em São Paulo, logo após sua ordenação presbiteral, dedicando-se por alguns anos aos estudos de Filosofia e Teologia. Em sua ação pastoral, destacamos, de modo especial, a construção da Igreja e do Mosteiro da Imaculada Conceição da Luz. Fruto do seu trabalho apostólico, imenso amor à Imaculada Conceição e preocupação com as necessidades do próximo, entregou para uma moça grávida e um senhor com problema nos rins um papelzinho com uma oração: "Depois do parto, ó Virgem, permaneceste intacta, Mãe de Deus, intercede por nós" e eles foram curados. Mesmo depois de sua morte, inúmeras pessoas passaram a procurar nos mosteiros e conventos as pílulas de Frei Galvão, a fim de realizar a novena e pedir a intercessão do santo para a graça desejada. Seu exemplo de santidade, demonstrado através da obediência, vida de oração, austeridade e imenso espírito missionário, fez com que o chamassem de santo ainda em vida. Morreu em 1822 e no ano de 2007 foi canonizado pelo Papa Bento XVI.

Os Santos experimentaram um Encontro com Jesus e tornaram-se Testemunhas da fé.

Identifique-se com a vida deste Santo, conheça algo mais sobre ele e tenha-o como companheiro no seu caminho de santidade!

Santa Mônica – 27 de agosto

Mônica nasceu em Tagaste, na África do Norte, a uns 100 quilômetros da cidade de Cartago, no ano 332. Seus pais encomendaram a formação de suas filhas a uma mulher muito religiosa, mas de muito forte disciplina.

Ela desejava dedicar-se à vida de oração e da solidão, como seu nome indica, mas seus pais dispuseram que tinham que casar-se com um homem chamado Patrício.

Este era um bom trabalhador, mas com um terrível mal gênio, e além disso mulherengo, jogador e sem religião e nem gosto pelo espiritual.

Ele a fez sofrer o que não está escrito e por trinta anos ela teve que aguentar os tremendos acessos de ira de seu marido, que gritava pelo menor motivo, mas este jamais se atreveu a levantar a mão contra ela. Tiveram três filhos: dois homens e uma mulher. Os dois menores foram sua alegria e consolo, mas o mais velho, Agostinho, a fez sofrer por dezenas de anos. Essa mãe se manteve firme rezando por mais de 30 anos até obter a conversão do filho.

Naquela região do norte da África, onde as pessoas eram sumamente agressivas, as demais esposas perguntavam a Mônica porque seu marido era um dos homens de pior gênio em toda a cidade, mas não a agredia nunca, e ao contrário os esposos delas as agrediam sem compaixão.

Mônica respondeu-lhes: "É que quando meu marido está de mau humor, eu me esforço para estar de bom humor. Quando ele grita, eu me calo. E como para brigar precisam de dois e eu não aceito a briga...não brigamos". Esta fórmula fez-se célebre no mundo e serviu a milhões de mulheres para manter a paz em casa.

Os Santos experimentaram um Encontro com Jesus e tornaram-se Testemunhas da fé.

Identifique-se com a vida desta Santa, conheça algo mais sobre ela e tenha-a como companheira no seu caminho de santidade!

Santa Faustina – 05 de outubro

Maria Faustina Kowalska nasceu em Glogowiec, na Polónia central, no dia 25 de agosto de 1905, de uma família camponesa de sólida formação cristã. Desde a infância sentiu a aspiração à vida consagrada, mas teve de esperar diversos anos antes de poder seguir a sua vocação. Mais tarde, recordava: "Desde a minha mais tenra idade desejei tornar-me uma grande santa". Com 16 anos deixou a casa paterna e começou a trabalhar como doméstica. Em oração, tomou depois a decisão de ingressar num convento. Em 1925, entrou na Congregação das Irmãs da Bem-aventurada Virgem Maria da Misericórdia. Ao concluir o noviciado, emitiu os votos religiosos, que foram observados durante toda a sua vida com prontidão e lealdade. Em diversas casas do Instituto, desempenhou de modo exemplar as funções de cozinheira, jardineira e porteira. Teve uma vida espiritual extraordinariamente rica de generosidade, de amor e de carismas que escondeu na humildade dos empenhos quotidianos. O Senhor escolheu esta Religiosa para se tornar apóstola da sua misericórdia, a fim de aproximar mais de Deus os homens, segundo o mandato de Jesus: "Os homens têm necessidade da minha misericórdia". Em 1934, Irmã Maria Faustina ofereceu-se a Deus pelos pecadores, sobretudo pelos que tinham perdido a esperança na misericórdia divina. Nutriu uma fervorosa devoção à Eucaristia e à Mãe do Redentor e amou intensamente a Igreja participando na sua missão de salvação. Enriqueceu a sua vida consagrada e o seu apostolado com o sofrimento do espírito e do coração. Consumida pela tuberculose, morreu santamente em Cracóvia no dia 5 de outubro de 1938, com a idade de 33 anos. Foi canonizada em 30 de abril de 2000, pelo Papa João Paulo II, sendo agora invocada como Santa Maria Faustina do Santíssimo Sacramento.

Os Santos experimentaram um Encontro com Jesus e tornaram-se Testemunhas da fé.

Identifique-se com a vida desta Santa, conheça algo mais sobre ela e tenha--a como companheira no seu caminho de santidade!

Encontro 19

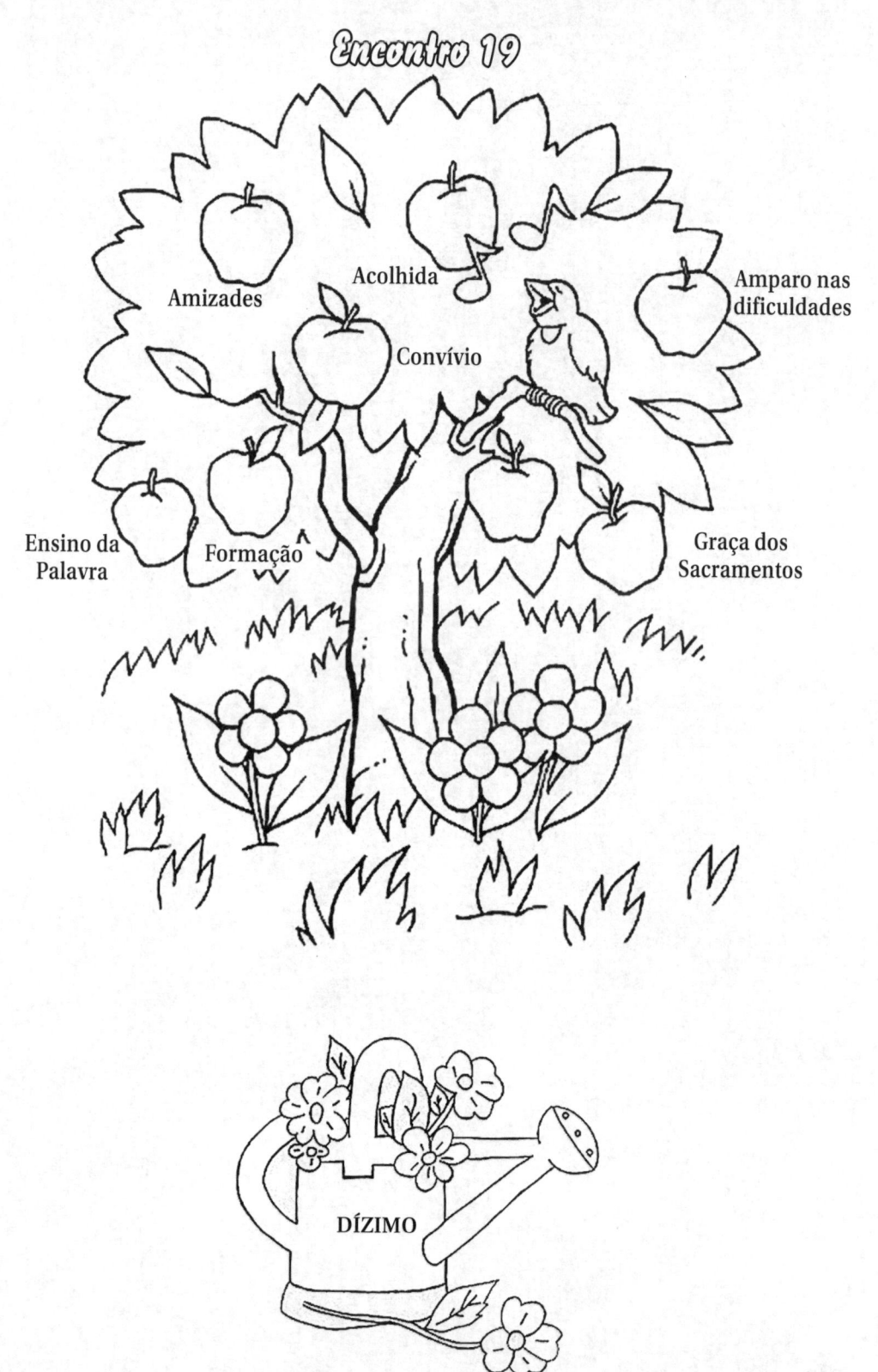

- Amizades
- Acolhida
- Amparo nas dificuldades
- Convívio
- Ensino da Palavra
- Formação
- Graça dos Sacramentos

DÍZIMO

5º Encontro:

Eu vos mandarei o Prometido de meu Pai, o Espírito Santo, entretanto permanecei na cidade, até que sejais revestidos da força do alto.
(Lc 24,49)

6º Encontro:

Eles eram perseverantes em ouvir o ensinamento dos apóstolos, na comunhão fraterna, na fração do pão e nas orações.
(At 2,42)

7º Encontro:

Combati o bom combate, terminei a minha carreira, guardei a fé. Desde já me está reservada a coroa da justiça, que me dará o Senhor, justo Juiz, naquele dia, e não somente a mim, mas a todos os que tiverem esperado com amor e sua presença. (2Tm 4,7-8)

8º Encontro:

Portanto, vão e façam discípulos de todas as nações, batizando-os em nome do Pai e do Filho e do Espírito Santo, ensinando-os a obedecer a tudo o que eu ordenei a vocês. E eu estarei sempre com vocês, até o fim dos tempos.
(Mt 28,19-20)

9º Encontro:

Eu sou o bom pastor. O bom pastor dá a sua vida pelas suas ovelhas.
(Jo 10,11)

10º Encontro:

Se, portanto, eu, o Mestre e o Senhor, vos lavei os pés, também deveis lavar-vos os pés uns aos outros. Dei-vos o exemplo para que, como eu fiz, também vós o façais. (Jo 13,14-15)

11º Encontro:

O Espírito Santo está sobre mim, porque Ele me consagrou pela unção para anunciar a boa-nova aos pobres.
(Lc 4,18a)

12º Encontro:

O Espírito Santo está sobre mim, porque Ele me consagrou pela unção para...
...proclamar a libertação aos presos.
(Lc 4,18b)

13º Encontro:

O Espírito Santo está sobre mim, porque Ele me consagrou pela unção para...
...proclamar aos cegos a recuperação da vista.
(Lc 4,18c)

14º Encontro:

O Espírito Santo está sobre mim, porque Ele me consagrou pela unção para...
...restituir a liberdade aos oprimidos.
(Lc 4,18d)

15º Encontro:

O Espírito Santo está sobre mim, porque Ele me consagrou pela unção para...
...proclamar um ano da graça do Senhor.
(Lc 4,18e)

16º Encontro:

Aquele que nos fortalece convosco em Cristo e nos dá a unção é Deus, o qual nos marcou com um selo e pôs em nossos corações o penhor do Espírito.
(2Cor 1,21-22)

17º Encontro:

Mas recebereis uma força, a do Espírito Santo que descerá sobre vós, e sereis minhas testemunhas em Jerusalém, em toda a Judeia e a Samaria, e até os confins da terra. (At 1,8)

18º Encontro:

Vai, e também tu, faze o mesmo.
(Lc 10,37)

19º Encontro:

Dia após dia, unânimes, mostravam-se assíduos no Templo e partiam o pão pelas casas, tomando o alimento com alegria e simplicidade de coração. Louvavam a Deus e gozavam da simpatia de todo o povo. (At 2,46-47)

20º Encontro:

Senhor, quando foi que te vimos com fome e te alimentamos, com sede e te demos de beber? Quando foi que te vimos forasteiro e te recolhemos ou nu e te vestimos? Quando foi que te vimos doente ou preso e fomos te ver? Em verdade vos digo: cada vez que o fizestes a um desses meus irmãos mais pequeninos, a mim o fizeste. (Mt 25,37-40)

Celebração de Natal

Não temais! Eis que vos anuncio uma grande alegria, que será para todo o povo: Nasceu-vos hoje um Salvador, que é o Cristo-Senhor, na cidade de Davi. Isto vos servirá de sinal: encontrareis um recém-nascido envolto em faixas deitado numa manjedoura. (Lc 2,10-12)

CONTINUIDADE...

HISTÓRIA DA LEBRE

Alguns de nossos avós tinham o hábito de sair para caçar levando seu cachorro... Lembro-me de uma história que meu avô me contava: "Quando o Rex – o cachorro de caça dele – sentia o cheiro da lebre, ele parava e erguia as orelhas, fixava o olhar para vê-la saltar e assim que a visse saía em disparada na direção dela". Os outros cachorros saiam latindo, fazendo barulho e corriam juntos. Ao longo da corrida alguns iam se cansando e parando no caminho! E então meu avô terminava a história dizendo: "mas aquele que viu a lebre vai até o fim e só para quando captura a lebre"!

Desculpe a comparação, mas nós discípulos missionários, precisamos "ver a lebre" – precisamos ver Jesus, ter os olhos fixos Nele!

A nossa corrida na missão de evangelizar não pode ser apenas barulho, empolgação que logo nos cansa no caminho e nos faz desistir.

Quem teve um encontro com Jesus não para, vai adiante, vai até o fim!

A leitura orante é uma forma de permanecermos na presença de Jesus, pela Palavra. Você agora já é capaz de continuar seu diário espiritual, mesmo tendo finalizado os encontros da Catequese.

Sugestão: Após a missa de cada Domingo, escolha um versículo bíblico do Evangelho meditado na Liturgia Dominical e faça sua leitura orante a partir dele. Dessa forma você aprofundará cada vez mais seu relacionamento com Deus e manterá seu coração ardendo!

Que o Espírito Santo ilumine seu caminho na Palavra de Deus!

Seu diário espiritual será feito da seguinte forma:

Separe um caderno ou uma agenda para que você possa fazer seu diário espiritual, rezando com um pequeno texto bíblico indicado para cada encontro.

Escolha um momento durante a semana para rezar o texto bíblico, seguindo os quatro passos indicados para a Leitura Orante. Escreva para cada passo o que lhe tocou o coração, o seu diálogo com Deus através desta Palavra.

Encontro de Acolhida:

Já não vos chamo servos, porque o servo não sabe o que o seu senhor faz; mas eu vos chamo amigos, porque tudo o que ouvi de meu Pai eu vos dei a conhecer. (Jo 15, 15)

Encontro da Campanha da Fraternidade:

Eu vim para que tenham vida e a tenham em abundância.
(Jo 10, 10)

1º Encontro:

Como o Pai me enviou, também eu vos envio.
(Jo 20,21)

2º Encontro:

A este Jesus, Deus o ressuscitou, e disto nós todos somos testemunhas.
(At 2,32)

3º Encontro:

Há diversidade de dons, mas o Espírito é o mesmo, diversidade de ministérios, mas o Senhor é o mesmo, diversos modos de ação, mas é o mesmo Deus que realiza tudo em todos. (1Cor 12,4)

4º Encontro:

Todos vós, conforme o dom que cada um recebeu, consagrai-vos ao serviço uns dos outros, como bons dispensadores da multiforme graça de Deus.
(1Pd 4,10)

Diário Espiritual

A Palavra de Deus, que encontramos nas Sagradas Escrituras, é uma das fontes da fé e da missão. Ela sustenta a caminhada, inspira o encontro com Jesus, orienta e anima a prática da justiça e da solidariedade.

Entre as muitas formas de se aproximar da Sagrada Escritura, existe uma privilegiada, à qual somos todos convidados: o exercício da Leitura Orante da Bíblia.

Depois de apaziguar o coração, coloque-se diante de Deus invocando o auxílio do Espírito Santo. Em seguida, utilize os quatro passos deste método de oração:

- Leitura: o que diz a Palavra?
- Meditação: o que Deus me diz pela Palavra?
- Oração: o que meu coração deseja dizer a Deus?
- Contemplação: compromisso, tornando a Palavra de Deus encarnada de modo que ela ilumine a realidade da vida e anime o compromisso evangélico do "serviço para o Reino de Deus".

O método da Leitura Orante da Palavra nos configura aos gestos de Jesus, favorecendo o encontro pessoal com o Ressuscitado.

LEITURA ORANTE

COMECE INVOCANDO O ESPÍRITO SANTO...

1 - LEIA A PALAVRA E PERGUNTE-SE: O QUE DIZ ESTA PALAVRA?

2 - RETOME A PALAVRA E PERGUNTE-SE: O QUE DEUS ME DIZ POR ESTA PALAVRA?

3 - RESPONDA: O QUE SINTO VONTADE DE DIZER A DEUS?

4 - COMPROMISSO: COMO POSSO VIVER HOJE ESTA PALAVRA?